Dr. Michael Lohmann

BÄUME UND STRÄUCHER

Bestimmen auf einen Blick mit Faltplan

BLV

Die Deutsche Bibliothek –
CIP-Einheitsaufnahme

Bäume und Sträucher / Michael
Lohmann. – 2., durchges. Aufl. –
München; Wien; Zürich: BLV, 1994
   (Bestimmen auf einen Blick)
   ISBN 3-405-14300-4
NE: Lohmann, Michael

Zweite, durchgesehene Auflage

Bestimmungsplan:
Idee, Konzeption und Ausführung
Wilhelm Eisenreich

Grafiken: Barbara v. Damnitz

Einbandentwurf:
Studio Schübel, München

Fotos auf dem Umschlag:
Vorderseite:
Reinhard (Eberesche)
Rückseite:
Eisenbeiss (Eingriffeliger Weißdorn)
Pforr (Sauerdorn)

BLV Verlagsgesellschaft mbH
München Wien Zürich

80797 München

© 1994 BLV Verlagsgesellschaft mbH
München

Das Werk einschließlich aller seiner
Teile ist urheberrechtlich geschützt.
Jede Verwertung außerhalb der engen
Grenzen des Urheberrechtsgesetzes ist
ohne Zustimmung des Verlags unzulässig und strafbar. Das gilt insbesondere
für Vervielfältigungen, Übersetzungen,
Mikroverfilmung und die Einspeicherung und Verarbeitung in elektronischen Systemen.

Lektorat: Dr. Friedrich Kögel
Herstellung: Ernst Großkopf
Satz und Druck: Appl, Wemding
Bindung: Bückers, Anzing

Printed in Germany
ISBN 3-405-14300-4

Inhalt

6 Hinweise zur Benutzung
  Auswahl und Reihenfolge der Arten 6
  Die Benutzung des Bestimmungsplans 7

10 Einführung
  Woran erkennt man Gehölze? 10
  Nadelgehölze 11
  Laubgehölze 12
  Verwandtschaften 15
  Verbreitung und Vergesellschaftung 16
  Die ökologische Bedeutung von Wäldern 18
  Gefahren für die Wälder 20

23 Anregungen für den Umgang mit Gehölzen
  Bäume und Sträucher im Garten 23
  Bäume und Sträucher in der Landschaft 25
  Eigenschaften verschiedener Hölzer 27
  Gehölze als Schmuck 27

28 Beschreibung der Arten

180 Register

Hinweise zur Benutzung

Auswahl und Reihenfolge der Arten

In Mitteleuropa ist die Zahl der heimischen Gehölzarten gering. Die Nadelholzarten lassen sich an den 10 Fingern abzählen, die heimischen Laubholzarten übersteigen wenige Dutzend nicht, selbst wenn man Kleinsträucher wie die Heidelbeere dazuzählt (vgl. S. 10).

Bei der Auswahl von Arten für ein Bestimmungsbuch mitteleuropäischer Gehölze kann man also Vollständigkeit erwarten. Wenn dies dennoch auf gewisse Schwierigkeiten stößt, so nur deshalb, weil die Abgrenzung zwischen Kräutern und Halbsträuchern (die nur im unteren Sproßteil verholzen) oft nicht ganz eindeutig ist.

Die ursprünglich geringe Artenzahl mitteleuropäischer Gehölze wurde durch die Importe mediterraner und exotischer Zier- und Nutzgehölze wesentlich aufgebessert. Würde man alle eingeführten und eingeschleppten, heute in Mitteleuropa wachsenden Gehölze aufführen, so bekäme man den Eindruck einer gewaltigen Überfremdung. Denn die Zahl der Exoten dürfte längst die der heimischen Arten übersteigen. Da es sich aber oft nur um vereinzelte wildlebende Exemplare oder um reine Park- und Gartengehölze handelt, die sich selbständig bei uns nicht fortpflanzen, muß man hier die Grenzen bei der Auswahl eng ziehen, um nicht ins Uferlose zu geraten. Es ist freilich eine Ermessensfrage, wenn man die bei uns eingeführten und nur wenig verwildernden Arten Roßkastanie und Platane behandelt, die stellenweise sich viel mehr ausbreitenden Sträucher Sommerflieder (Buddleia) oder Apfelrose aber wegläßt. – Auf gezüchtete Formen haben wir gänzlich verzichtet; sie sind ein Thema für Gartenbücher.

Die Reihenfolge der Artbeschreibungen entspricht der heute üblichen botanischen Systematik; sie beginnt mit den Nadelgehölzen (Nacktsamern) und endet mit den Geißblattgewächsen (vgl. Einführung). Für den Laien ist diese Reihenfolge nur insofern hilfreich, als verwandte Arten beisammen stehen. Für die Bestimmung wichtige äußere Ähnlichkeiten liegen dem Bestimmungsplan zugrunde, den Sie als Faltblatt in der Einstecktasche am Ende des Buches finden.

Bei den Beschreibungen der einzelnen Gehölze haben wir besonderen Wert auf Verwendungsmöglichkeiten gelegt. Auf Symbole, wie sie in vielen Pflanzenbüchern üblich sind, haben wir weitgehend verzichtet, da einem deren Bedeutung erfahrungsgemäß auch bei häufigerem Benutzen immer wieder entfällt. Generell sind in den ersten Kopfzeilen rechts die Hinweise auf die Abbildungen zu finden und der Gefährdungsgrad bei Arten der Roten Liste. Hier bedeuten:

RL 1 = vom Aussterben bedroht,
RL 2 = stark gefährdet,
RL 3 = gefährdet,
RL 4 = potentiell gefährdet.

Den Beginn des Textes bilden die Angaben zur Wuchshöhe und zur Blühzeit.

Die Benutzung des Bestimmungsplanes

Das Neue an unserem Bestimmungsbuch ist der in der hinteren Umschlagtasche steckende Faltplan. Mit ihm ist es möglich, auf einen Blick ähnliche Arten zu erkennen und von unähnlichen zu trennen – denn nach diesem Ordnungsprinzip der Ähnlichkeit sind dort Blätter, Blüten, Früchte und Rinden der im Text behandelten Arten gruppiert.

Bei der Bestimmung von Gehölzen spielen die Blüten eine viel geringere Rolle als bei den Kräutern (Blumen). Die Blattform ist hier im allgemeinen das wichtigste Bestimmungsmerkmal. Wir haben darum bei den Abbildungen und bei der Zusammenstellung des Bestimmungsplans großen Wert auf gute Abbildungen typischer Blattmerkmale gelegt. Trotzdem ist es viel schwieriger, eine Vielzahl grüner Blätter nur nach ihrer Form zu gliedern. Wieviel leichter tut man sich da mit den verschiedenen Blütenfarben! Nützlich für die Unterscheidung der Blattformen ist die Kenntnis einiger Fachausdrücke; Sie sollten sich darum zunächst auf S. 10ff. mit diesen Grundlagen vertraut machen. Obwohl der Bestimmungsplan diese Fachausdrücke nicht voraussetzt, tun Sie sich mit der Benutzung leichter, wenn Sie eine Vorstellung von den Grundformen des Blattes haben.

Ein weiteres wichtiges Bestimmunsmerkmal bei Bäumen und Sträuchern sind ihre Früchte. Sie sind meist nicht nur auffälliger als die Blüten, sondern auch dauerhafter. Bei vielen Arten hängen Zapfen, Beeren, Nüsse und andere Früchte wochen- oder sogar monatelang an den Ästen. Auch ihr Aussehen ist im allgemeinen überaus charakteristisch, so daß man oft schon allein daran die Art bestimmen kann. Wir haben deshalb möglichst immer die Früchte der jeweiligen Art im systematischen Teil und im Bestimmungsplan abgebildet. Hier spielt auch die Farbe eine wichtige Rolle.

Wer sich näher mit Gehölzen befaßt, wird feststellen, daß auch die Rinde oder Borke der verschiedenen Arten recht unterschiedlich gefärbt und strukturiert ist. Hier besteht nur das Problem, daß die junge Rinde oft ganz anders aussieht als die Borke alter Stämme. Da waren wir auch mit den Abbildungen in Schwierigkeiten. Z.B. stammt das Foto der grauen Fichtenrinde auf S. 35 von einem alten Baum, während für jüngere Fichten eine glattere, rötliche Rinde typisch ist – weshalb man auch von der Rottanne spricht.

Je nach Art steht die Blüte als Bestimmungsmerkmal erst an zweiter, dritter oder vierter Stelle. Nur wenige Arten, insbesondere unter den Sträuchern, sind »auf einen Blick« an ihren Blüten bzw. Blütenständen zu erkennen. Der Großteil unserer heimischen Gehölze bringt ziemlich unscheinbare Blüten hervor, oft in Form von Blütenständen, wie bei den windbestäubten Koniferen, Pappeln, Weiden, Erlen, bei Walnuß, Hasel und anderen. Manche Blütengebilde werden vom Laien kaum als solche erkannt, etwa die winzigen Büschel der Ulmen oder die fruchtartigen Kugeln der Platanen. Man muß also schon genau hinschauen, wenn man die Blüten der Gehölze zur Bestimmung heranziehen möchte. Die Vielfalt der Erscheinungen erleichtert immerhin zumindest eine Zuordnung zu einer bestimmten Gruppe (vgl. Einführung).

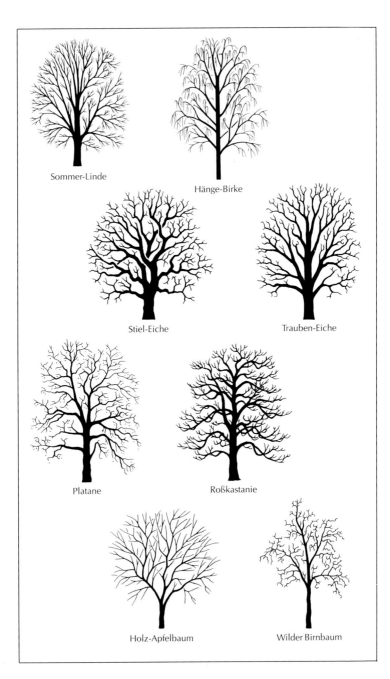

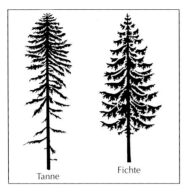
Tanne · Fichte

Breitkronige Kiefer (Heide) · Schmalkronige Kiefer (nordische Länder)

Nur im freien Stand können Bäume ihre charakteristische Wuchsform entfalten. Viele von ihnen bilden unverwechselbare »Gestalten« aus, die in unseren Zeichnungen nur unvollständig zum Ausdruck kommen. Eine besonders ausgeprägte »Physiognomie« haben freistehende Linden, Eschen, Rotbuchen, Roßkastanien, Schwarzerlen (oft mehrstämmig) und Silberweiden. Manche Baumarten bilden aber auch recht verschiedene Gestalten aus. So wächst die Waldkiefer in Nordeuropa geradstämmiger und schmalkroniger, in Mittel- und Südeuropa dagegen in freiem Stand breitkronig und mit oft knorrigem Stamm.

Ein letztes, bei manchen Bäumen nicht ganz unwichtiges Bestimmungsmerkmal sei noch erwähnt: die Gesamtgestalt, der Habitus. Mit etwas Erfahrung kann man schon aus der Ferne eine freistehende Linde von einer Esche, eine Eiche von einer Rotbuche unterscheiden. Sogar Tanne und Fichte lassen sich meist an ihrer Gestalt unterscheiden. Bäume pflegen aber viel öfter im Verband zu stehen, in kleinen Gruppen, als Feldgehölze oder gar als Wald. Unter solchen Bedingungen kann sich die arttypische Gestalt aber nur bedingt entfalten. Darum ist dieses an sich reizvolle Merkmal in der Praxis für die Bestimmung wenig geeignet.

Der Bestimmungsplan in der hinteren Umschlagtasche wird Ihnen das Bestimmen der Bäume und Sträucher sehr erleichtern. In vielen Fällen werden Sie das Blatt, die Frucht, die Blüte oder Rinde des fraglichen Baumes oder Strauches in der nach Ähnlichkeiten gruppierten Übersicht sofort entdecken. In anderen Fällen werden Sie verschiedene ähnliche Formen unter den angegebenen Artbeschreibungen nachschlagen und ihre Beobachtung mit den größeren Fotos dort und dem Text vergleichen müssen.

Einführung

Woran erkennt man Gehölze?

Das Auffälligste an einer Pflanze ist zunächst einmal ihre Größe und Gestalt. Aufgrund dieser beiden Merkmale können wir schon eine erste Grobeinteilung vornehmen: Sehr große Pflanzen (10–30 m hoch) mit einem Stamm sind Bäume, große bis mittelgroße Pflanzen (1–8 m hoch) mit mehreren verholzten Haupttrieben sind Sträucher, bis 50 cm hohe Pflanzen mit verholzten Stengeln (Sprossen) werden als Zwergsträucher bezeichnet. Hinzu kommen Klettersträucher, deren Sproßachsen zwar verholzt sind, die aber nicht von selbst aufrecht stehen.

Gehölze unterscheiden sich von Stauden und Einjährigen nicht nur durch die Verholzung der Sproßachse (Ansätze dazu finden wir auch bei Stauden), sondern dadurch, daß sie den Winter mit oberirdischen Organen (Sproß mit Knospen) überdauern. Man bezeichnet sie daher auch als Luftpflanzen (Phanerophyten und Chamaephyten = Zwergsträucher), die sich z.B. von Pflanzen unterscheiden, deren Erneuerungsknospen im Boden überwintern (Geophyten oder Kryptophyten), oder von Einjährigen, die nur im Samen überwintern (Therophyten).

Das Holz der Holzgewächse hat sich nicht nur als trocken- und kälteresistentes Gewebe bewährt, sondern vor allem auch als enorm stabiles Tragwerk. Seinen hervorragenden statischen Eigenschaften (die sich der bauende Mensch ja seit langem zunutze macht) ist es zu verdanken, daß über der im Wasser und am Boden lebenden Vegetationsschicht bis zu einer Höhe von 40 m und mehr gewissermaßen eine zweite, dritte und vierte Schicht entstehen konnte, die in Gestalt des Waldes zu einem ganz neuen Großlebensraum geführt hat (vgl. S. 18f.).

Der namengebende Holzkörper gliedert sich in mehrere ringförmige Schichten. Bei den Laubgehölzen findet sich im Zentrum das Mark, das schon früh abstirbt und mehr oder

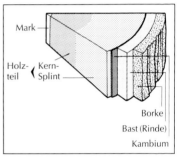

Stammsektor eines Baumes

weniger lufterfüllt als lockeres Gewebe erhalten bleibt. (Es fehlt den Nadelgehölzen.) Daran schließt sich der eigentliche Holzkörper an, den man in seinem inneren Teil als Kern, im äußeren als Splint bezeichnet. Während im Splint noch Wasser von den Wurzeln zur Krone transportiert wird, dient der aus abgestorbenen Zellen bestehende und durch Einlagerung von Harz und Gerbsäure imprägnierte Kern nur noch der Statik. Bei vielen Bäumen sind Kern- und Splintholz unterschiedlich gefärbt. Die eigentliche Wachstumsschicht, das Kambium, besteht nur aus wenigen Zellagen zwischen Holz und Rinde. (Zur Vegetationszeit läßt sich an dieser feuchten Schicht die Rinde meist leicht vom Holz abheben.) Hier wird nach innen Holz, nach außen Rinde produziert. Da die im Sommer entstehenden Holzzellen größer sind als die, die im übrigen Jahr heranwachsen, bilden sich die bekannten Jahresringe im Holz: Die Sommerringe sind heller gefärbt.

Die Rinde ist von Bast- und Korkzellen durchsetzt und dient dem Schutz sowie dem Stofftransport von den Blättern zur Wurzel. Bei älteren Bäumen bildet sich um die Rinde oft noch eine dicke, robuste Schutzschicht, die man als Borke bezeichnet. Es handelt sich dabei um abgestorbenes, später rissig werdendes Gewebe.

Nadelgehölze

Nadelgehölze, die man auch als Zapfenträger oder Koniferen bezeichnet, sind im allgemeinen leicht an ihren nadelförmigen und zumeist immergrünen Blättern zu erkennen. Wenn man sie näher untersucht, so unterscheiden sie sich aber in vielen weiteren Merkmalen so grundlegend von den Laubgehölzen, daß man sie innerhalb der Samenpflanzen (Spermatophyta) als eigene kleine Gruppe der Nacktsamer (Gymnospermae) dem Gros der übrigen Samenpflanzen (Bedecktsamer oder Angiospermae) gegenüberstellt. Im Gegensatz zu den Bedecktsamern, bei denen Gehölze eher die Ausnahme bilden, sind alle heute lebenden Nacktsamer ausschließlich Gehölze. Ein anderes Unterscheidungsmerkmal ist der Bau der Blüten: Während bei den Bedecktsamern die Zwitterblüte die Regel ist, weisen alle Nacktsamer eingeschlechtige Blüten auf. Hier wie dort können männliche und weibliche Blüten auf einer Pflanze nebeneinander vorhanden sein (so bei Tanne und Fichte) oder auf getrennte Gewächse verteilt sein (Eibe); im ersten Fall spricht man von einhäusigen, im andern Fall von zweihäusigen Arten.

Die Bezeichnung Nacktsamer rührt von der sehr ursprünglich anmutenden Art der Samenanlage her. Während bei den übrigen Samenpflanzen der Samen (Embryo) stets von einem Fruchtknoten umgeben ist, liegen die Samen der Koniferen offen am Grund, am Rand oder auf der Fläche des Fruchtblattes. Da die Samenanlage der weiblichen Blüte so frei zugänglich ist, findet man auch keine Griffel und Narben, über die bei den Bedecktsamern die männliche Keimzelle zur weiblichen Eizelle vordringt.

Die weiblichen Blüten der Nacktsamer sind fast ausnahmslos zu zapfenartigen Ständen vereinigt. Jede Blüte besteht nur aus einem Fruchtblatt, das später oft zu einer Samenschuppe auswächst, die mit der Deckschuppe (s.u.) verschmelzen kann. Ein Teil der Samenhülle kann sich zu einem häutigen Flügel entwickeln, der bei der Windverbreitung gute Dienste tut.

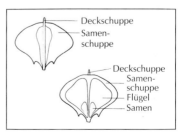

Weißtanne; Deck- und Samenschuppe

Da auch die Bestäubung allgemein durch den Wind und nicht durch Insekten erfolgt, fehlt jeglicher »Schauapparat« zur Anlockung von Insekten: also farbige Kronblätter und dergleichen. Ebenso fehlen »Lockmittel« wie Nektar. Die unscheinbaren »Blüten« stehen am Zapfen in der Achsel eines Tragblattes, das später meist zu einer schützenden Deckschuppe heranwächst und verholzt – bei den Kiefern etwa zu sehr kräftigen und charakteristisch geformten Gebilden. Beim Wacholder verwachsen Samen- und Deckschuppen zu einem fleischigen Beerenzapfen. Eine Besonderheit sind die Früchte der Eiben (s. S. 28).

Ähnlich einfach sind die männlichen Blüten der Nadelgehölze gebaut. Auch sie bilden meist Blütenstände, teils zapfen- teils kätzchenförmig. Als Windblütler müssen sie große Mengen von Pollen produzieren, und die Pollenkörner müssen leicht sein. (Wenn Fichtenwälder blühen, sind oft ganze Seen in ihrer Nähe mit einer gelben Pollenschicht bedeckt.)

Bemerkenswert ist der Zeitraum, der bei manchen Arten zwischen Bestäubung und Befruchtung liegt. Bei der Fichte dauert es einige Wochen, bei der Waldkiefer gar ein ganzes Jahr. Ähnliche Unterschiede finden wir bei der Dauer zwischen Befruchtung und Samenreife. Bei Tanne, Fichte und Lärche reifen die Samen noch im Jahr der Befruchtung. Bei der Kiefer hingegen sind die Samen frühestens im zweiten Jahr ausgereift; hier vergehen zwischen Bestäubung und Samenreife also mehr als zwei Jahre.

Die <u>Samen</u> wachsen meist im Schutz der dicht anliegenden Deckschuppen heran. Sind sie reif, öffnen sich die Zapfen, indem die Deckschuppen austrocknen und sich dabei von der zentralen Spindel abspreizen. Bei feuchtem Wetter können sich die Zapfen wieder schließen. Einen solchen Mechanismus findet man etwa bei Kiefern, Fichten und Lärchen. Bei den stehenden Zapfen von Tanne und Zeder fallen hingegen die Schuppen mit den Samen von der Spindel ab. Die leeren Spindeln kann man oft noch jahrelang am Baum finden. Andere Zapfen hingegen fallen nach der Entleerung als Ganzes zu Boden.

Nicht nur in den Blüten, auch in der Struktur des Holzes unterscheiden sich Nadelgehölze von Laubgehölzen. So fehlen die den Stamm durchziehenden, dem Wassertransport dienenden langen Gefäße (Tracheen) vollständig. Stattdessen besitzt der Holzkörper bis 5 mm lange, konzentrisch angeordnete Zellen mit gleicher Funktion (Tracheiden).

Zum Abschluß dieses Abschnitts muß noch gesagt werden, daß es auch in der sonst so einheitlich erscheinenden Gruppe der meist nadeltragenden Nacksamer eine urtümliche Ausnahme gibt: den Ginkgo. Dieser in China heimische, auch bei uns öfter angepflanzte Baum gehört zu den Nacksamern, besitzt aber fächerförmige Blätter. – Aufgrund ihrer ursprünglichen Merkmale erscheinen die Nacksamer als Vorläufer der Bedecktsamer.

Laubgehölze

Die wesentlichen Unterschiede zwischen Laub- und Nadelgehölzen, insbesondere im Bau der Blüten und des Holzkörpers wurden im vorigen Abschnitt dargestellt.

Da die Vielfalt der Blüten- und Blattformen bei den Bedecktsamern ungleich größer ist als bei den Nacktsamern, empfiehlt es sich jedoch, einen Blick auf die verschiedenen Grundtypen von Blättern und Blüten der Laubgehölze zu werfen, sich mit deren Bau und dem einiger anderer Organe sowie mit einigen Fachausdrücken bekannt zu machen. Schließlich wollen wir noch ein Wort zu den Verwandtschaften sagen, denn eine systematische Ordnung der Formenvielfalt erleichtert den Überblick.

Die Wurzel

Entsprechend ihrer Größe ist auch das Wurzelsystem der Bäume kräftig ausgebildet. Neben der Funktion der Wasser- und Nährstoffaufnahme müssen die Wurzeln ja die Pflanze vor allem auch im Boden verankern. Bei den enormen Schub- und Zugkräften, denen ein freistehender, großer Baum durch den Wind ausgesetzt ist, wundert man sich ohnehin, daß diese Verankerung auf wenigen Quadratmetern ausreicht. Wer allerdings schon einmal versucht hat, einen Wurzelstock zu roden, der weiß, wie fest gegründet Bäume stehen.

Bekanntlich gibt es Flach- und Tiefwurzler. So gehört die Fichte zu den Flachwurzlern, die Tanne zu den Tief- oder Pfahlwurzlern. Beides sind nützliche Eigenschaften für unterschiedliche Bedingungen. So kann die Fichte noch auf flachgründigen Stein- oder Moorböden gedeihen, leidet aber stärker unter Wind- und Schneewurf.

Viele Baumarten können sich mit ihrem Wurzelsystem unterschiedlichen Bodenverhältnissen aber auch individuell anpassen. So findet man tiefwurzelnde Eichen auf trockenen Böden und flachwurzelnde Eichen auf nassen Böden. Manche Arten sind gegen Schwankungen des Grundwasserspiegels – auf den sie sich mit ihrem Wurzelsystem eingestellt haben – sehr empfindlich. So werden Eschen rasch wipfeldürr, wenn das Grundwasser sinkt.

Das Blatt

Beim Blatt unterscheidet man die Blattfläche (Spreite), den Blattstiel und den oft verbreiterten Blattgrund. Stiel und Grund können bei »sitzenden« Blättern fehlen. Die Blattfläche wird von Blattnerven (auch Adern genannt) durchzogen, wobei man streifen- oder parallelnervige von netznervigen Blättern unterscheidet. Die Bezeichnungen der verschiedenen Formen des Blattes und des Blattrandes sind der Zeichnung auf Seite 14 zu entnehmen, wobei ganzrandige von gegliederten (gelappten und zusammengesetzten) Blättern zu unterscheiden sind.

Die Laubblätter der verschiedenen Gehölze (auch Nadeln sind Laubblätter!) haben unterschiedliche Lebensdauer. Bei den sommergrünen Arten, zu denen nicht nur die meisten Laubgehölze, sondern z.B. auch die Lärchen gehören, werden die Blätter jedes Jahr neu gebildet und im Herbst abgeworfen. Bei den immergrünen Arten, zu denen auch Laubgehölze wie die Stechpalme gehören, bleiben die grünen, robusten Blätter zumindest auch noch den Winter über bis zum nächsten Blattaustrieb erhalten. Ihre Lebensdauer beträgt also mindestens ein volles Jahr oder auch mehrere Jahre. Nadelbäume werfen ihre alten Blätter entweder kontinuierlich ab (Fichte, Tanne), oder auch zu bestimmten Jahreszeiten, wie etwa die Kiefern.

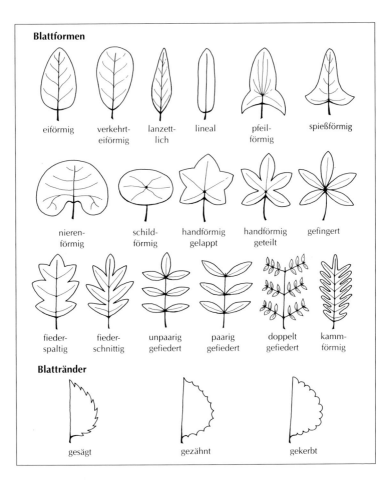

Niederblätter oder Nebenblätter sind zu Schuppen reduzierte Blätter; man findet sie als ledrig-derbe, meist gummi- oder harzhaltige Knospenschuppen, die die Winterknospen von Gehölzen schützend umhüllen. Deckblätter (Trag- oder Stützblätter) heißen Blätter, aus deren Achsel ein Seitensproß oder eine Blüte entspringt. Hochblätter heißen alle kleinen Blätter der Blütenregion, sofern sie nicht klar als Blütenblätter erkennbar sind.

Auswüchse der Stengelrinde nennt man Stacheln, zugespitzte Kurztriebe oder Blätter werden als Dornen bezeichnet. Rosen haben also Stacheln!

Die Blüte
Die Blüte besteht aus der äußeren Blütenhülle sowie den Staub- und Fruchtblättern. Die Blütenhülle (das Perianth) kann in Kelch und Krone gegliedert sein; bei gleichförmig ausgebildeten Blütenhüllblättern

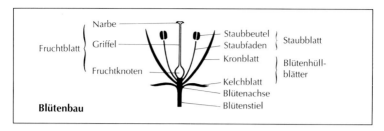

Blütenbau

spricht man vom Perigon. Die meisten Blüten sind zwittrig, enthalten also Staub- und Fruchtblätter. Weitere Bezeichnungen der Blüte können der Grafik entnommen werden.

Im Blütenstand treten mehrere bis viele Einzelblüten in verschiedener Weise zusammen. Wie die verschiedenen (einfachen oder zusammengesetzten) Blütenstände benannt werden, ist in der Zeichnung unten angegeben.

Die Früchte

Die Früchte sind als Trockenfrucht (Nuß, Nüßchen, Balgfrucht, Hülse, Schote und Kapsel) oder als fleischige Frucht (Beere und Steinfrucht) ausgebildet. Viele Früchte besitzen Ausbildungen, die der Verbreitung durch Wind, Wasser oder Tiere dienen: Schirmchen, Haare, Propeller, Kletthaken usw. Beerensamen werden meist durch Vögel (nach Verdauung der fleischigen Hülle) verbreitet.

Verwandtschaften

Seit dem schwedischen Naturforscher Linné (1707–1778) versucht man in die große Formenfülle der Lebewesen eine Ordnung zu bringen, die auf verwandtschaftlichen Zusammenhängen beruht. Zwar sind wesentliche (!) Ähnlichkeiten meist auch ein Hinweis auf Verwandtschaft, da ja nach Darwin eine Art aus der anderen durch nur kleine

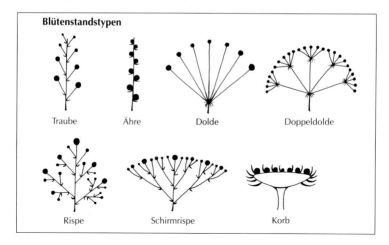

Änderungen hervorgeht. Ähnlichkeit kann aber auch durch Anpassung an ähnliche Bedingungen zustandekommen oder rein zufällig sein. Die Aufgabe des Systematikers oder Taxonomen ist es, hier Wichtiges von Unwichtigem zu unterscheiden und eine Ordnung zu schaffen, die nicht nur den Überblick erleichtert, sondern auch die Entwicklung (Evolution) des Pflanzenreichs in einem »natürlichen System« in etwa nachvollzieht. Durch den Wissensfortschritt kommt es immer wieder zu Umgruppierungen und Umbenennungen der wissenschaftlichen Namen – eine recht ärgerliche Tatsache für den Benutzer.

Die einzelnen Arten – deren Abgrenzung gegen Nächstverwandte oft nicht einfach ist – werden seit Linné mit einem wissenschaftlichen Doppelnamen benannt. Dabei bezeichnet der erste (stets großgeschriebene) Name die engste Verwandtschaftsgruppe oberhalb der Art (oder Sippe); es ist der Name der Gattung. Der zweite, kleingeschriebene Name bezeichnet dann die Art.

Die deutschen Pflanzennamen sind in der Regel ältere Volksnamen, denen keine wissenschaftliche Systematik zugrundeliegt. Nur in wenigen Fällen entspricht die deutsche Bezeichnung der wissenschaftlichen, indem der Artname (vorne) und der Gattungsname (hinten) zu einem Doppelnamen zusammengefügt werden: *Prunus avium* = Vogel-Kirsche.

So wie die Arten zu Gattungen zusammengefaßt werden, ordnet man verwandte (ähnliche) Gattungen zu Familien. Die Pflanzenfamilien lassen gewöhnlich eine Reihe deutlicher Gemeinsamkeiten der ihr zugehörenden Arten erkennen, vor allem im Bau der Blüten, aber auch in vielen anderen Merkmalen. Es kann die Artbestimmung erleichtern, wenn man bei einer unbekannten Pflanze zunächst (vor allem anhand der Blüten) die Familienzugehörigkeit feststellt. Bei einigen unserer größten Familien ist das im allgemeinen nicht schwierig, wenn es auch im Einzelfall immer wieder Fallstricke gibt. Die in Mitteleuropa heimischen Gehölze finden sich in rund 30 Familien, wobei manche dieser Familien nur mit einer Gehölzart, andere neben Gehölzen auch mit vielen Kräutern vertreten sind.

Verbreitung und Vergesellschaftung

Die verschiedenen Bäume und Sträucher kommen nicht überall oder nicht überall gleich häufig vor. Wie bei den meisten anderen Pflanzen (und Tieren) ist das natürliche Vorkommen einer Gehölzart durch ihr Verbreitungsgebiet (Areal) einerseits und durch die jeweiligen Standortbedingungen andererseits bestimmt. Als weiterer Faktor kommt die Konkurrenz zwischen den Arten hinzu.

Das Verbreitungsgebiet einer Baum- oder Strauchart wird – zumindest innerhalb eines Kontinents – im wesentlichen durch das Klima bestimmt. Das kann sich sogar auf die Verbreitung in einem so relativ kleinen und klimatisch relativ einheitlichen Gebiet wie Mitteleuropa auswirken.

In dem von Natur aus fast lückenlosen Waldland Mitteleuropa würde von Natur aus die Rotbuche vorherrschen. Freilich selten in Reinbeständen, wie man sie aus der Forstwirtschaft kennt. Der größte Teil Deutschlands wäre mit sogenannten Edellaubwäldern bedeckt, Buchenwäldern, in denen Eichen, Ahorne, Hainbuchen, Eschen, Linden, Ulmen und andere Laubgehölze zusammen mit verschiedenen Sträuchern ein vielfältiges Bild ergäben, das noch dazu durch das Nebeneinander aller Altersstufen belebt wäre. Während das ozeanisch getönte Klima des westlichen Europas Laubgehölzen besonders förderlich ist, erweisen sich in den kälteren Wintern und kürzeren Vegetationsperioden des Berglandes und der mehr östlichen Regionen mit kontinental getöntem Klima Nadelgehölze, wie Fichte und Kiefer, als die besser angepaßten Arten.

Der Einfluß des Klimas auf die Verbreitung einer Art zeigt sich besonders in der Höhenverbreitung der verschiedenen Arten: Im Bergland gedeihen andere Arten als in der Tiefebene.

Der Einfluß des <u>Standorts</u> wird deutlich an der natürlichen Gehölzvegetation besonders nasser und besonders trockener Böden. So dominiert in den inselartigen Trockengebieten Mitteleuropas (mit weniger als 500 mm Niederschlag im Jahr) statt der Rotbuche die Stieleiche; auf feuchten Auenböden herrschen dagegen Weiden, Eschen und Erlen

Vorkommen der in Mitteleuropa bei gemäßigtem Klima auf ungleich feuchten und basenhaltigen Böden waldbildenden Baumarten. Die Größe der Schrift drückt ungefähr den Grad der Beteiligung an der Baumschicht aus, wie er als Ergebnis des natürlichen Konkurrenzkampfes zu erwarten wäre. Eingeklammert = nur in manchen Gebieten. (Nach Ellenberg 1982.)

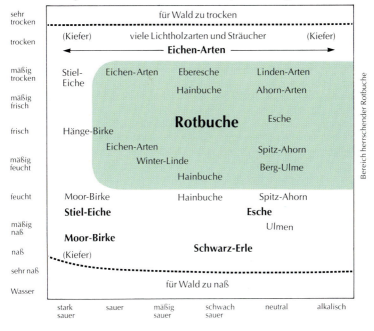

vor, auf anderen Feuchtflächen Birken und Kiefern.

Wir werden bei der Beschreibung der einzelnen Arten auf ihre Verbreitung in Mitteleuropa kurz hinweisen.

Die natürliche Verbreitung einer Baumart in Mitteleuropa ist allerdings nur noch schwer an der aktuellen Vegetation abzulesen, da der Mensch einige Baumarten überall angepflanzt, andere fast vollständig zurückgedrängt hat.

Neben der Anpassung einer Art an enge oder weite Klima- oder Standortbedingungen spielt für ihre Verbreitung vor allem auch ihre Konkurrenzkraft gegenüber anderen Arten eine Rolle. Daß die Buche zur vorherrschenden Baumart in Mitteleuropa wurde, liegt auch daran, daß sie sich gegenüber anderen Gehölzarten sehr gut durchzusetzen vermag, weil sie in der Jugend viel Schatten verträgt und im Alter viel Schatten macht. Hierin kann nur noch die Tanne mit ihr wetteifern.

Wenn die Kiefer vor allem auf nährstoffarmen Sand- und Moorböden zu finden ist, so liegt das weniger an einer »Vorliebe« für so schlechte Standorte, als daran, daß hier die Konkurrenz durch andere Baumarten viel geringer ist: Auf Normalböden kann sich die lichthungrige Kiefer gegen andere Baumarten nicht durchsetzen (s. Grafik S. 17).

Unter natürlichen Bedingungen entwickeln sich Gehölzvegetationen (Wälder, Gebüsche) selten zu Reinbeständen nur einer Art. Nur unter Extrembedingungen, wie im Hochgebirge, bilden sich in Mitteleuropa natürliche Reinbestände. Vielmehr entstehen fast stets artenreiche Gesellschaften, deren Zusammensetzung vom Standort geprägt und darum für ihn charakteristisch ist.

Der Vegetationskundler unterscheidet verschiedene Gehölzgesellschaften, die etwa wie folgt bezeichnet werden können (nach Ellenberg):
- Kalk-Kiefernwälder
- saure Nadelwälder
- Weiden-Auengehölze
- Erlenbrüche und Moorweidengebüsche
- saure Eichenmischwälder
- reichere Laubwälder und Gebüsche

Eine Unterabteilung dieser reicheren Laubwälder sind die Edellaub-Mischwälder, die sich wiederum unterteilen lassen in:
- Rotbuchenwälder mit
  - Hainsimsen-Buchenwäldern
  - Waldmeister-Buchenwäldern
  - Seggen-Hangbuchenwäldern
  - Tannenmischwäldern
- Hainbuchen-Mischwälder
- Erlen- und Edellaub-Auwälder
- Ahornmischwälder

Die ökologische Bedeutung von Wäldern

Die großflächige Verbreitung der Gehölze auf der Erde zeigt, wie »erfolgreich« die Strategie ist, in die Höhe zu wachsen und Dauerstrukturen auszubilden, die einerseits ungünstige Jahreszeiten überdauern können und andererseits das »mechanische Rückgrat« des Größenwachstums abgeben. Von den riesigen tropischen Wäldern (von denen nur noch weiterhin schwindende Reste existieren) bis zu den ausgedehnten Fichten- und Birkenwäldern der nördlichen Taiga wären die Landflächen unseres Planeten größtenteils mit Wald bedeckt, wenn nicht der Mensch seit Jahrtausenden dessen Zurückdrängung betriebe.

Die ökologische Bedeutung der Wälder wird heute – angesichts drängender Umweltprobleme und drohender Gefahren – sogar von einer breiten Laien-Öffentlichkeit erkannt und diskutiert. Wenn dabei auch viele Halb- und Unwahrheiten gehandelt werden, so ist sich heute in Mitteleuropa doch wohl schon jedes Schulkind über die allgemeine ökologische Bedeutung des Waldes im klaren:

- Wälder schützen die Krume vor Abtragung (Erosion);
- Wälder fangen Niederschläge ab, fördern die Versickerung und verhindern Hochwässer;
- Wälder schaffen ein für viele andere Organismen zuträgliches, geschütztes Mikroklima.

Andere den Wäldern zugeschriebene »Wohltaten« entspringen vielfach einer starke Vereinfachungen oder gar nur Wunschdenken. So handelt es sich bei der viel zitierten Sauerstoffproduktion von Bäumen und Wäldern genauso um einen in der Bilanz ausgeglichenen Kreislauf von Sauerstoff-Abgabe (beim Aufbau organischer Substanz) und Sauerstoff-Verbrauch (beim Abbau der organischen Substanz) wie in anderen Ökosystemen. Wenn der Abbau von Holz nicht als Vermodern im Wald, sondern als Verbrennen im Ofen stattfindet, so spielt das für die Gesamtbilanz keine Rolle.

Auch daß Wälder als »Wasserspeicher« dienen, stimmt nur insofern, als sie den Oberflächenabfluß der

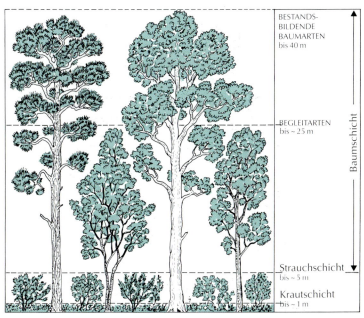

Am charakteristischen Stockwerksaufbau eines naturnahen Waldes sind Kräuter, Sträucher und Bäume mit ihren verschiedenen Altersstufen beteiligt. Wälder mit allen Altersstufen nebeneinander nennt man Plenterwälder. Solche Wälder sind weniger anfällig gegen Wind- und Schneebruch und gegen Schädlingsbefall.

Niederschläge mindern. Die starke Verdunstung von Niederschlägen und Grundwasser durch Wälder hat andererseits aber auch eine gegenteilige Wirkung, so daß sich unter einer anderen Vegetationsdecke (etwa Gebüsch oder Wiese) unter Umständen durchaus mehr Grundwasser ansammeln kann.

Ganz allgemein zeichnet sich das Waldinnere im Vergleich zum Freiland durch folgende Eigenschaften aus:

- verminderte Belichtung am Boden- bei Laubwäldern zumindest im Sommer (oft nur 1 %!);
- stärkere kurzfristige Schwankungen der Beleuchtungsstärke;
- ausgeglichenere Luft- und Bodentemperaturen;
- geringere Schwankungen der (höheren) Luftfeuchtigkeit;
- verminderte Verdunstung am Boden durch Windschutz;
- starke Wasser- und Nährstoffkonkurrenz zwischen Gehölzen und Bodenpflanzen;
- andererseits Erschließung tieferer Bodenschichten.

Deutliche Unterschiede bestehen hier zwischen Laub- und Nadelwäldern. So hat die Krautschicht im Laubwald einige Wochen vor dem Laubaustrieb günstige Entwicklungsmöglichkeiten, die zudem durch den milden Humus der Laubstreu gefördert werden. Nadelwälder hingegen sind ganzjährig lichtarm und bieten durch die saure Nadelstreu ungünstige Bodenbedingungen.

Gefahren für die Wälder

»Kaum eines der in den letzten Jahren bekannt gewordenen Probleme des Umweltschutzes hat die Öffentlichkeit so stark erregt wie das Waldsterben. Große Teile der Bevölkerung sehen in diesem Ereignis ein deutliches Zeichen für den Zusammenbruch bislang stabiler Ökosysteme als Folge langjähriger, gedankenloser Belastungen durch die Industriegesellschaft.

In der Tat vollzieht sich die Ausbreitung dieses noch vor wenigen Jahren ganz unbekannten Syndroms so rasch, daß man in Mitteleuropa ernsthaft um den Bestand des Waldes als ökologischem System fürchten muß.«

Mit diesen Worten beginnt Professor Schütt seine 1983 erschienene Schrift »So stirbt der Wald«. Inzwischen mag es etwas ruhiger um das Thema geworden sein, was aber wohl eher einem beängstigenden Gewöhnungs- oder Abstumpfungseffekt der Menschen als einem Rückgang des Waldsterbens zuzuschreiben ist. Auch die letzten Waldschadensberichte dokumentieren, wenn schon nicht die befürchtete rasante Ausdehnung, so doch einen weiterhin hohen und immer noch steigenden Anteil mehr oder weniger stark geschädigter Wälder.

Manche Baumarten, wie die Tanne, sind vom umweltbedingten Sterben in besonderem Maße betroffen. Andererseits gibt es kaum noch eine Baumart, die keine Schadmerkmale aufweist.

Fachleute sind sich darüber einig, daß es sich beim Waldsterben um einen komplexen Prozeß handelt, an dessen Ablauf mehrere Schadursachen beteiligt sind. Mit hoher Wahrscheinlichkeit sind Luftschadstoffe die primäre Schadursache. Sie schwächen direkt über die Blätter und indirekt über das Boden-Wurzelsystem die Widerstandskraft der Bäu-

Wegen der hohen Rehwildbestände kann in den meisten Wäldern ein artenreicher Jungwald nur hinter Wildschutzzäunen heranwachsen.

me, so daß Krankheiten, Schädlinge und Mängel bei der Wasser- und Nährstoffversorgung zu nicht mehr verkraftbaren Belastungen werden. Als wichtigste Luftschadstoffe wurden Stickoxide, Schwefeloxide, ungesättigte Kohlenwasserstoffe, Photooxidantien und Schwermetallstäube erkannt. Verursacher sind wir alle, als Autofahrer, als Fluggäste, als Konsumenten von Industrieprodukten, als Erzeuger von Abfällen (die vielfach verbrannt werden), oder als Betreiber von Heizanlagen.

Wenn auch manche technische Lösungen möglich sind, so werden wir doch das Grundproblem – das sich ja nicht nur im Waldsterben äußert – nur durch die kräftige Einschränkung unserer luxurierenden Bedürfnisse vielleicht in den Griff bekommen.

Im Zusammenhang mit dem umweltbedingten Waldsterben muß man das kaum geringere, zusätzliche Problem der überhöhten Wildbestände sehen. Vor allem die Rehe haben durch gezielte Hege (z. B. Winterfütterung) der Jäger vielerorts um das 30fache zugenommen. Nach Ansicht von Wildbiologen und Forstwissenschaftlern liegt heute in den meisten Gebieten die Rehdichte um das 10fache über der ökologischen Tragfähigkeit des Waldes.

Tannen und Laubbäume sind das bevorzugte Opfer des Wilds. Der meiste Jungwuchs solcher Gehölzarten kommt gar nicht erst über die Krautschicht hinaus.

Die Folge ist, daß eine Naturverjüngung, besonders der Laubholzarten und der Tanne kaum noch oder nur hinterm Zaun möglich ist. Die immer noch nicht gebrochene Tendenz zur Fichtenmonokultur und zum sogenannten Altersklassenwald mit Kahlschlag und Flächenaufforstung werden nicht zuletzt auch dadurch bedingt (und begründet). Dadurch wird die dringend geforderte Entwicklung zum altersgestuften Mischwald, mit seiner wesentlich größeren Leistungsfähigkeit hinsichtlich Naturhaushalt und Sozialfunktion, weiterhin blockiert – leider auch von jagdbegeisterten Förstern und Waldbesitzern selber. Besonders im Bergwald ist es dadurch zu einer gefährlichen Vergreisung vieler Bestände gekommen, die damit auch ihre Schutzwaldfunktion nicht mehr ausreichend und nicht mehr lange erfüllen. In Bergwäldern ist die ohnehin sehr teure Zäunung im nötigen Umfang meist nicht möglich.

Es wäre wünschenswert, wenn die Öffentlichkeit diese Probleme stärker wahrnehmen und jene weitblickenden Forstleute (Praktiker und Wissenschaftler) unterstützen würde, die bereits seit 100 Jahren eine Abkehr von den kurzfrist-ökonomischen Produktions- und Ordnungsvorstellungen der Forstwirtschaft fordern. Da sich inzwischen die meisten staatlichen Forstverwaltungen diese Ziele zueigen gemacht haben, geht es dabei eigentlich nur um die Forderung, die Theorie nun endlich auch in die Praxis umzusetzen. Die Auseinandersetzung mit den Jägern, die es immer noch nicht begriffen haben, daß es nicht um Wald oder Wild, sondern um Prioritäten geht, darf man dabei freilich nicht scheuen.

Anregungen für den Umgang mit Gehölzen

Bäume und Sträucher im Garten

Bäume und Sträucher sind das lebendige Rückgrat eines jeden Gartens. Die Hecke als Einfriedung, der das Dach überragende Baum, der Strauch oder die Kletterpflanze, die eine scharfe Gebäudeecke verhüllen, das sind seit altersher Elemente der Gestaltung einer wohnlichen Umwelt. Gehölze tragen durch ihre Größe und ganzjährige Anwesenheit wesentlich zur Einbindung von Gebäuden in ihre Umgebung bei. Mit ihren vom Bauwerk so ganz verschiedenen Formen, Strukturen und Farben, mit ihrem Spiel von Licht und Schatten auf harten Flächen und Kanten machen sie so manches Funktionelle und Disharmonische fürs Auge erträglich und wohlgefällig.

Sie erfüllen aber nicht nur ästhetische Zwecke. Sie bieten Schutz vor zu greller Sonne und vor Wind. Sie bieten Vögeln Lebensraum und bringen damit Musik in den Garten. Sie erfrischen die Luft und halten Lärm

Im Garten haben neben einheimischen Wildgehölzen auch Exoten und Zuchtformen ihre Bedeutung. Man sollte im Siedlungsbereich aber grundsätzlich darauf achten, daß die gepflanzten Gehölze sowohl in ihren späteren Ausmaßen als auch in ihrem jahreszeitlichen Verhalten passen.

ab. Dichte Hecken ersetzen Zäune oder Mauern. Obstbäume und Beerensträucher schließlich liefern frische Nahrung aus dem Garten.

Die Auswahl der Gartenbäume und -sträucher muß jedoch sehr sorgfältig und behutsam getroffen werden. Selbst Fachleute machen hier immer wieder schlimme Fehler. Offenbar können sich nur wenige Menschen die wirklichen späteren Dimensionen eines Baumes vorstellen, selbst wenn ihnen die Maße in Zahlen bekannt sind. Und viele haben beim Pflanzen eines Baumes offenbar kein klares Bild von den besonderen Eigenschaften ihres Setzlings.

Selbst die sehr augenfälligen Unterschiede eines immergrünen Nadelbaumes und eines Laubbaumes werden oft nicht genügend bedacht. Die Wahl fällt leider so oft auf den Nadelbaum und die Thujenhecke, weil man im Herbst die Arbeit mit dem Laub scheut und weil man ganzjährigen Sichtschutz möchte. Beides durchaus vernünftige Gründe, die aber abgewogen werden müßten gegen die Tatsache, daß der Nadelbaum – zumal wenn er größer wird – auch im Winter die wenigen Sonnenstrahlen verschluckt und daß die immergrüne Schnitthecke sehr tot wirkt im Vergleich zu einer Laub- oder Blütenhecke.

Laubgehölze sind ideal für den Garten. Sie spenden im Sommer Schatten und lassen im Winter das Licht ins Haus. Sie sind optisch und akustisch (mit raschelndem Laub) viel lebendiger als Nadelbäume und können darum die Aufgabe, das Harte der Bauformen organisch einzubinden, wesentlich besser erfüllen. Nadelbäume wirken hingegen oft wie Grabsteine.

Nicht nur als Einzelbäume, sondern auch als Alleen können Gehölze im Siedlungsbereich eine wichtige gliedernde und auflockernde Rolle spielen.

Einzelbäume sind und waren in der mitteleuropäischen Kulturlandschaft immer wichtige Strukturelemente, Landschaftsmarken. Ökologisch wichtiger noch sind Feldgehölze, und Netzstrukturen (Hecken, Ufergehölze).

Aber auch bei den Laubbäumen kann man die falsche Wahl treffen. Wenn man oft sieht, wo junge Roßkastanien gepflanzt werden, so fragt man sich, wie das schon in wenigen Jahre aussehen soll. Kastanien brauchen viel Kronenplatz und lassen im belaubten Zustand kaum noch einen Lichtstrahl durch. Völlig anders entwickelt sich die Robinie mit ihrem spät austreibenden, lichten Laub.

Drei Dinge sind vor allem beim Pflanzen eines Baumes in Hausnähe zu beachten: seine eigenen Standortbedürfnisse, seine Endgröße und die Dichte und Länge seines Schattenwurfs. Darüber sollte man sich bei Fachleuten oder in der Literatur ausgiebig informieren, bevor man kauft und pflanzt. Kläglich zusammengestutzte Kronen sind überall Mahnmale dafür, daß man beim Pflanzen sich völlig ungenügende Vorstellungen von den gewaltigen Entwicklungsmöglichkeiten eines Baumes zu machen pflegt. Es gibt ja genügend kleinwüchsige Baumarten. Freilich sollte man da, wo ein großer Baum sich entfalten kann, auch einen pflanzen, der einmal die Dächer überragt.

Zu den Gehölzen gehören auch viele Kletterpflanzen und davon sind viele zur Begrünung von Fassaden geeignet. Die mancherlei Vorurteile gegen Pflanzen am Haus haben sich großenteils als falsch erwiesen. So schützen Kletterpflanzen Wand und Putz eher, als daß sie schaden.

Bäume und Sträucher in der Landschaft

Nicht nur als Wälder, sondern auch als Einzelbäume, Gebüsche, Hecken, Feldgehölze spielen Bäume und Sträucher für die Ökologie und Ästhetik einer Landschaft eine große Rolle. Der Waldanteil eines Landes mag forstwirtschaftlich eine interessante Kennziffer sein. Nicht das flurbereinigte Nebeneinander baum- und strauchloser Agrarflächen einerseits und abgezirkelten Forstflächen andererseits kann aber das Ziel einer multifunktionalen Landschaft sein. Wichtiger für Struktur-, Arten- und Erlebnisreichtum einer Landschaft (die angesichts nicht absetzbarer Agrarüberschüsse in Mitteleuropa längst wichtiger sind als maximale Produktivität) ist das Maß an Durchdringung der offenen Fläche mit Gehölzen der verschiedensten Art. Diese dem Gemeinwohl in vielfältigster Weise dienende Aufgabe der Landschaftspflege muß als neue Aufgabe vielfach erst noch erkannt und in Zusammenarbeit von Landwirten, Forstwirten, Landschaftsökologen, kommunalen und staatlichen Stellen gelöst werden. Die richtige Verwendung von Gehölzen spielt dabei eine bedeutende Rolle.

Voraussetzung für eine nicht nur ästhetisch befriedigende, sondern auch ökologisch richtige Landschaftsgestaltung und -pflege ist die genaue Kenntnis der Lebensbedingungen von Baum und Strauch sowie ihrer Eigenschaften und Funktionen im Naturhaushalt. Noch mehr als im Gartenbau und bei der Grünflächengestaltung im Siedlungsbereich kommt es in freier Landschaft auf eine gründliche Kenntnis der komplexen Zusammenhänge zwischen den unzähligen abiotischen und biotischen Faktoren an, die in ihrer Ganzheit als Natur, Landschaft, Lebensraum oder Ökosystem bezeichnet werden.

Bäume und Sträucher, die über Jahrzehnte das Opfer einer falsch verstandenen Flurbereinigung waren, müssen in die Agrarlandschaft wieder integriert werden. Dafür sprechen auch Gründe des Boden- und Gewässerschutzes, des Windschutzes, der biologischen Schädlingsbegrenzung, des Artenschutzes und nicht zuletzt: eine wesentliche Steigerung des Erholungswertes der Landschaft.

Man muß dabei von der Tatsache ausgehen, daß Mitteleuropa von Natur aus mit einer mehr oder weniger dichten Vegetation aus Laubgehölzen bedeckt wäre. Das ist die für unser Klima über Jahrhunderttausende entwickelte ökologisch stabilste Form der Bodenbedeckung. Die baum- und strauchlose Steppe ist in unseren Breiten ein Zeichen von Verwüstung. Für die Erzeugung von Landwirtschaftsprodukten brauchen wir keine großflächigen Agrarsteppen. Mindestens 10% der offenen Flächen – so fordern die Ökologen – sollten, möglichst in netzförmigen Strukturen, mit naturnaher Vegetation (also mit Bäumen und Sträuchern) bewachsen und aus der intensiven Bewirtschaftung genommen sein. Dadurch würde insgesamt nicht nur der äußere Eindruck einer Parklandschaft entstehen (was zu einer wesentlichen Entlastung der zunehmend überlaufenen klassischen Erholungslandschaften führen könnte), es würde vor allem auch ökologisch wieder eine Annäherung an den optimalen Naturzustand bedeuten.

Auch in einem ganz technischen Sinne werden Gehölze im Landschaftsbau eingesetzt: zur Befestigung von Hängen, Halden, Böschungen, Dünen und Ufern, zur Begrünung von Rohböden, als Windschutz, zur Eingrünung von Gebäuden, als Schallschutz und Staubfilter an Straßen und um Gewerbegebiete, als Lawinenschutz im Gebirge, als sogenannter Lebendverbau (austreibendes Flechtwerk = Faschinen) und vieles mehr. Hier ist die Kenntnis der besonderen Eigenschaften und Bedürfnisse der Gehölzarten besonders wichtig, um erfolgreich arbeiten zu können

Eigenschaften verschiedener Hölzer

Im Zeitalter der billigen Metalle und Kunststoffe ist leider viel von den Kenntnissen darüber verlorengegangen, welche Eigenschaften die verschiedenen Hölzer besitzen. Früher, als Holz nicht nur für die verschiedenen Hoch- und Tiefbauten, sondern auch für die Herstellung von Werkzeugen aller Art einer der wichtigsten Rohstoffe war, wußte man sehr genau, welche Hölzer für welche Zwecke geeignet sind und für welche nicht.

Daß das leichte und weiche Holz der Tanne in der Bau- und Möbelschreinerei, beim Boots-, Maschinen- und Brückenbau sowie als Grubenholz verwendbar ist, dürfte auch heute noch bekannt sein. Die vielfältigen Verwendungsmöglichkeiten des Holzes vom Pfaffenhütchen hingegen sind sicher nur noch wenigen gegenwärtig: es eignet sich für Drechsler, Instrumentenbauer, Feinmechaniker und Uhrmacher, dient zur Herstellung von Zahnstochern, Schuhstiften, Spindeln u.ä., ferner kann daraus Zeichenkohle und aus der Wurzelrinde Guttapercha (Vorläufer der Erdöl-Kunststoffe) gewonnen werden.

In der Möbelschreinerei, die sich vom Handwerk vielfach zur Fabrikation entwickelt hat, werden die vielfältigen Farben, Maserungen und Texturen der verschiedenen heimischen Hölzer heute nur noch in beschränktem Umfang genutzt. Exotische Hölzer haben zum Teil bessere Verarbeitungseigenschaften und sind noch dazu billiger als heimische Hölzer mit durchaus ähnlichen Einsatzmöglichkeiten.

Gehölze als Schmuck

Der Umgang mit Gehölzen muß sich nicht nur auf das Nötige und Nützliche beschränken. Wie alle Natur, so bieten auch die verschiedenen Gehölze reiche Möglichkeiten, mit ihren Formen, Farben, Texturen und Strukturen zu spielen. Man könnte sich eine ganze »Kunst«-Ausstellung allein mit Gehölzen vorstellen. Mit den oft bizarr geformten Wurzeln und Ästen, mit den Maserungen und Farben der verschiedenen Hölzer, mit den Formen der Blätter und Früchte.

Selbst in kleinen Wohnungen kann man sich eine Sammlung gepreßter oder im Kopierer abgelichteter Gehölzblätter zulegen. Das ist nicht nur lehrreich, sondern auch von großem ästhetischem Reiz. Das gleiche gilt für das Sammeln von Samen, die man in Keramikschalen oder Glasbehältern zur Schau stellen kann.

Schließlich sind einzelne Zweige von Sträuchern oder Bäumen zu allen Jahreszeiten ein schöner Zimmerschmuck: der am Barbaratag geschnittene und zu Weihnachten blühende Kirschzweig, die zartgrün austreibende Birkenrute mit ausgeblasenen, bemalten Ostereiern, der Herbstzweig vom Schneeball mit buntem Laub und roten Beeren und selbst das filigrane Geäst eines winterdürren Strauchs.

Eibe
Taxus baccata

RL 3, geschützt; oben männliche Blüten
unten links Früchte, rechts Rinde

10–15 m; März-April. **Merkmale:** Ein kleiner bis mittelhoher, immergrüner, etwas düster wirkender Baum mit rundlicher Krone. Freistehend meist bis zum Boden beastet. Vielfach wachsen Eiben mehrstämmig und anfangs strauchartig; mehrere Einzelstämme können im Alter aber zu 1 m dicken Komplexstämmen verwachsen. Die aufsteigenden oder waagrecht abstehenden Äste sind reich verzweigt. Tiefwurzler mit starkem Ausschlagvermögen. Blatt: Die flachen, biegsamen Nadeln sind dunkelgrün und fühlen sich weich an. Sie haben eine Lebensdauer von 3–8 Jahren und fallen einzeln ab. Blüte: Männliche und weibliche Blüten sind auf verschiedene Bäume verteilt (zweihäusig). Sie stehen einzeln in den Blattachseln vorjähriger Zweige. Die zahlreichen männlichen Blüten (4 mm) fallen mehr auf als die unscheinbaren und kleinen weiblichen. Der Pollen wird durch den Wind übertragen. Frucht: Der eiförmige, bläulich-braune Samen (6×4 mm) ist von einem roten, unten offenen Samenmantel (Arillus) umgeben; die Samen sind im September/Oktober reif. Ähnliche Arten: Keine.
Standort: Auf frischen, basenreichen, locker- humosen, tiefgründigen Böden und in feuchtem Klima gedeihen Eiben am besten. Sie vertragen viel Schatten und stehen gewöhnlich in Tannen-Buchen- und Eschen-Ahorn-Mischwäldern, sind aber heute nur noch an wenigen Orten in geringer Zahl anzutreffen.
Verbreitung: Sehr lückenhaft bis inselartig in weiten Teilen Europas, vor allem im Bergland und an der Küste; in den Alpen bis 1600 m.
Eiben können bis 600 Jahre alt werden; eine Altersbestimmung ist jedoch schwierig, da der Stammkern im Alter meist degeneriert. Die Eibe ist ein sehr langsam wachsendes Gehölz, das wegen seines harten Holzes schon früh aus unseren Wäldern herausgeschlagen und durch schneller wachsende Gehölze verdrängt wurde. Heute findet man wildwachsende Eiben nur noch stellenweise und in Wäldern mit Einzelbaumnutzung (Plenterwald). In Gärten, Parks und Friedhöfen werden sie aber gerne gepflanzt, teilweise auch als Schnitthecken verwendet. Eiben sind unempfindlich gegen Abgase und leiden nicht unter Wildverbiß. Man kann sie im Landschaftsbau als Unterholz in Gruppenpflanzung verwenden. Das ebenso harte wie elastische, im Kern tiefrote Holz fault nicht, schwindet wenig, leidet nicht unter Wurmstich und gehört zu den schönsten heimischen Schreinerhölzern. Es läßt sich völlig schwarz beizen (»Deutsches Ebenholz«) und wird hauptsächlich im Kunstgewerbe und Instrumentenbau verwendet. Eiben bilden kein Harz, enthalten aber in allen Teilen – außer dem roten Samenmantel – das starke Gift Taxin. Merkwürdigerweise können aber Rinder Eibenzweige ohne Schaden fressen, während Pferde schon bei geringen Mengen Vergiftungserscheinungen zeigen. Der rote, fleischige Samenmantel dient der Anlockung von Vögeln, die auf diese Weise die Samen verbreiten. Eibennadeln werden in der Naturheilkunde als Heilmittel gegen Magen- und Leberschmerzen, Nierenleiden und Gicht verwendet.

Douglasie, Douglasfichte
Pseudotsuga menziesii

oben Zweig
unten links Zapfen

50–60 (100) m; April-Mai. **Merkmale:** Ein sehr hoher, immergrüner Baum mit kegelförmiger Krone, die bei alten Bäumen breit und abgeflacht ist. Der bis in den Wipfel durchgehende Stamm erreicht eine Dicke von 4 m und in seiner Heimat eine Höhe bis 70 m. Alte Bäume haben eine tief gefurchte, sehr dunkle Rinde, die der jungen Bäume ist glatt und oft mit Harzblasen bedeckt. Blatt: Gerade, abgeflachte Nadeln, etwa 2–3 cm lang, meist deutlich gescheitelt angeordnet. Oberseits dunkel- bis blaugrün, unten graue bis weißliche Spaltöffnungslinien. Sie verbreiten beim Reiben ein wohlriechendes Aroma und werden 6–8 Jahre alt. Blüte: Eingeschlechtig, einhäusig. Die gelben, männlichen Blütenstände werden 10–15 mm lang; die eiförmigen weiblichen Blütenstände sind gelblich-grün bis rot und 15–20 mm groß. Frucht: Die an den Zweigen hängenden Zapfen werden 5–10 cm lang und 2–4 cm breit; die kreisförmigen Samenschuppen werden von den schmalen, 3zipfeligen Deckschuppen weit überdeckt. Die Samen reifen im August/September des gleichen Jahres. Ähnliche Arten: Siehe Tanne (S. 32) und Fichte (S. 34). Zwei Formen: Küsten- und Gebirgs- Douglasie. **Standort:** Bevorzugt wird ein niederschlagsreiches Klima mit hoher Luftfeuchtigkeit. **Verbreitung:** Heimat ist das westliche Nordamerika. Wird in Europa in großem Umfang forstlich angebaut. Kommt in Höhenlagen bis 2600 m vor.
Douglasien können bis zu 700 Jahren alt werden. Wegen guter Wüchsigkeit vielfach forstlich verwendet; empfindlich gegen Sturm und Naßschnee. Wertvolles Holz für Türen, Fenster, Treppen, Schiffsbau, Sperrholz.

Kanadische Hemlocktanne
Tsuga canadensis

Mitte Zweig
unten rechts Zapfen

25–30 m; Mai. **Merkmale:** Immergrüner, hoher Baum. Krone weitausladend, mit kurz überhängenden Gipfeltrieben. Waagrecht stehende Äste mit überhängenden Spitzen. Die Rinde ist tief gefurcht, bräunlich und sehr gerbstoffreich. Blatt: Die fühlbar gesägten Nadeln sind gewöhnlich 10–18 mm lang und verschmälern sich zur Spitze hin; unterseits 2 schmale weiße Bänder; zweizeilig angeordnet. Blüte: Einhäusig. Männliche Blütenstände blattachselständig, kugelig, gelb, 3 mm; weibliche endständig, 6 mm lang, blaßgrün. Frucht: Gestielte, eiförmige Zapfen 15–20 mm lang, mit fast kreisrunden Schuppen; Samen reifen im Oktober/November. Ähnliche Arten: Westliche Hemlock *(T. heterophylla),* Japanische Hemlock *(T. diversifolia);* siehe auch Tanne (S. 32). **Standort:** Auf frischen, feuchten Böden und sonnigen, luftigen Plätzen gedeiht die Hemlocktanne sehr gut. Bei ausreichender Luftfeuchtigkeit wächst sie auch auf trockeneren Böden, hier besteht allerdings erhöhte Gefahr von Pilzbefall. Zu starker Wind schadet. **Verbreitung:** Heimat ist das nordöstliche Nordamerika. In Mittel- und Westeuropa häufig in Parks zu finden; wird auch forstlich angepflanzt.
Die Hemlocktanne ist sehr unempfindlich gegen hohe Kälte, ihr schadet aber chronische Einwirkung von Rauchsäure oder Gasen. Das Holz ist besonders hochwertig.

Tanne, Weiß-Tanne
Abies alba

RL 3; oben links Zweig, rechts männl. Blütenstände
unten links Zapfen, rechts Rinde

30–50 m; Mai-Juni. **Merkmale:** Ein hoch aufwachsender, immergrüner Baum der bis zu 200 Jahren alt werden kann. Die waagrecht oder aufrecht abstehenden Äste sind quirlständig um den bis in den Wipfel durchgehenden Stamm angeordnet. Die in der Jugend gleichmäßig kegelförmige Krone rundet sich bei älteren Bäumen. Knospen eiförmig, grünlich-braun, manchmal leicht behaart. Blatt: Flache, an der Spitze stumpfe bis gekerbte Nadeln von 12–30 mm Länge, etwa 2–2,5 mm breit; oberseits glänzend dunkelgrün, unterseits 2 silbrige Streifen; kamm- oder V-förmig angeordnet. Die Lebensdauer der Nadeln beträgt 8–12 Jahre; sie hinterlassen nach dem Abfallen runde Narben an den Ästen. Die Borke ist hellbraun bis silbrig-grau, mit kleinen Schuppen. An der Rinde junger Bäume sind häufig Harzblasen zu sehen. Eine starke Pfahlwurzel, sonst dichtes, herzförmiges Wurzelwerk, das ziemlich tief in den Boden vordringt und dadurch den Boden gut bindet. Blüte: Tannen erreichen die Blühreife mit ca. 30 Jahren. Blüten eingeschlechtig, einhäusig. Männliche Blütenstände gelblich und walzenförmig, 2–2,5 cm lang; weibliche, zylindrisch auf den Zweigen stehend, 2,5–3 cm lang. Man findet sie nur an vorjährigen Zweigen in der obersten Kronenregion. Frucht: Hellbraune Zapfen, 8–15 cm lang und 3–5 cm breit, auf den Zweigen sitzend. Die Zapfenschuppen fallen propellerartig mit den 6–10 mm langen, 8–10 mm lang geflügelten, mit Harztaschen versehenen Samen zu Boden. Die Samen werden im September/Oktober reif, kurz danach zerfallen die Zapfen. Ähnliche Arten: Als Zier- oder Forstbäume findet man Nordmanns-Tanne *(A. nordmannia)*, Riesen-Tanne *(A. grandis)*, Colorado-Tanne *(A. concolor)*, Spanische Tanne *(A. pinsapo)*.

Standort: Die anspruchsvolle Tanne bevorzugt gemäßigtes Gebirgsklima mit hoher Luftfeuchtigkeit und mineralstoffreichen, lehmigen Böden, die Wasser gut speichern können. Sehr empfindlich ist die Tanne gegenüber starken Temperaturschwankungen.

Verbreitung: In den Gebirgen Mittel- und Südeuropas weit verbreitet; kommt hauptsächlich in Höhenlagen von 400–1000 m vor.

Die Tanne erschließt und verbessert schwere Böden wesentlich besser als die Fichte. Gegenüber Abgasen ist sie jedoch, besonders im Alter, sehr empfindlich; in der Jugend leidet sie enorm (oft zu 100 %) unter Wildverbiß. Tannenholz bietet vielerlei Möglichkeiten zum Gebrauch: Es wird gerne als Bau- und Konstruktionsholz verwendet, da es leicht, weich und elastisch ist. In heißen Sommern bildet sich ab Juni Nadelhonig, der als Bienennahrung sehr geschätzt wird (Waldhonig). Das aus Tannenzapfen oder Tannennadeln gewonnene Öl wird zum Inhalieren oder Einreiben verwendet.

Fichte, Rottanne
Picea abies

oben links Zweig, rechts männliche Blütenstände
unten links Zapfen, rechts Rinde

30–50 m; Mai-Juni. **Merkmale:** Immergrüner, im Alter stattlicher Baum. Spitze, kegelförmige Krone mit geradem, bis zum Wipfel durchgehendem, bis 1,5 m dickem Stamm. Äste gleichmäßig quirlig angeordnet; freistehende alte Bäume sind bis zum Boden beastet. Normalerweise stehen die unteren Äste waagrecht oder hängend, die oberen aufrecht. Borke rotbraun bis kupferfarben, später manchmal grau und mit dünnen Schuppen. Das dichte Wurzelwerk ist meist flach tellerförmig ausgebreitet. Dadurch ist der Baum sehr sturmgefährdet. <u>Blatt:</u> Die festen, stechenden Nadeln sind 4kantig, etwa 10–30 mm lang und 1 mm breit sowie schraubenartig angeordnet; sie haben eine Lebensdauer von 5–12 Jahren. <u>Blüte:</u> Die eingeschlechtigen männlichen und weiblichen Blüten kommen auf einer Pflanze vor (einhäusig). Sie befinden sich nur in der Wipfelregion. Die gelblichen männlichen Blütenstände sind 15–20 mm lang, sie stehen in den Blattachseln; die aufrechten, endständigen weiblichen Zapfen sind 5–6 cm lang und gelblich-grün bis hellrot. <u>Frucht:</u> Hängende, zylindrische Zapfen ohne Stiel, in der Reife hellbraun, 10–15 cm lang, mit offenen Schuppen etwa 3–4 cm breit. Die Samen reifen im 1. Jahr von September bis November; sie sind 4–5 mm lang, mit 15 mm langem Flügel. <u>Ähnliche Arten:</u> <u>Blau-Fichte</u> *(P. pungens)* und <u>Serbische Fichte</u> *(P. omorika)* werden als Ziergehölze oft verwendet, die sehr schlanke Omorika auch als Forstbaum.

Standort: Die Fichte braucht lockere, torfig bis steinig-sandige Böden mit guter Wasserversorgung. Sie bevorzugt nordisches Klima: kühl mit hoher Luftfeuchtigkeit und kalten Wintern. Sie kommt häufig in Mischwäldern vor und bildet in kühleren Lagen Reinbestände.

Verbreitung: In Lagen von 800–1550 m in Mitteleuropa natürliches Vorkommen; in den Alpen bis 2000 m; sehr häufig im Norden Europas. Die Fichte ist bei uns die am häufigsten forstlich angebaute Baumart.

Die Fichte fördert die Bildung von Rohhumus und Staunässe und verdichtet durch Podsolierung die Bodenhorizonte. Sie ist gegen Abgase empfindlich; unter Wildverbiß leidet sie kaum. An ungeeigneten Standorten leidet sie unter Windwurf und Schneebruch sowie unter der Fichtenblattwespe (braune Triebspitzen). Die Fichte erreicht die Blühreife mit 20–25 Jahren und wird 200–600 Jahre alt. Als Schnitthecke oder Jungbaum bietet sie Vögeln und ihren Nestern Deckung und Schutz sowie durch ihre Samen Nahrung (Fichtenkreuzschnabel). Da die Fichte auch Nadelhonig erzeugt, ist sie im Hochsommer ein wichtiger Nahrungslieferant der Bienen. Fichten wurden durch die systematischen Aufforstungen zum wichtigsten Waldgehölz. Etwa 42 % der gesamten Waldfläche Deutschlands ist mit Fichte bestockt. Das <u>Holz</u> der Fichte ist weich, leicht, sehr tragfest, aber nicht übermäßig haltbar. Es findet in der Zellulose- oder Kunstseidenindustrie Verwendung, auch als Stangen-, Bau- und Möbelholz. Außerdem ist die Fichte der häufigste »Weihnachtsbaum«. Bei Erkrankung der Atemwege werden oft die Sprossen oder das Öl aus Nadeln oder Zapfen der Fichte zur Heilung eingesetzt; als Badezusatz beruhigt es die Nerven.

Europäische Lärche
Larix decidua

oben links Zweig, rechts weibliche Blütenstände
unten links Zapfen, rechts Rinde

Bis 40 m; März-Mai. **Merkmale:** Ein in der Jugend schnell wachsendes, sommergrünes Gehölz. Die schmale, kegelförmige Krone der Jugend wird im Alter abgeflacht und breit. Der gerade, bis zum Wipfel durchgehende Stamm erreicht eine Breite bis zu 1,5 m. Die Äste sind quirlständig waagrecht angeordnet. Die Lärche erreicht im Durchschnitt ein Alter von 200–400 Jahren, das auch wesentlich überschritten werden kann. Grau- bis rotbraune Borke, dick und schuppig, tief gefurcht. Pfahlwurzel mit stark verzweigten Herzwurzeln, die tief in den Boden eindringen; deshalb ist der Baum widerstandsfähig gegen starke Stürme. Blatt: Hellgrüne, weiche, flache Nadeln, 15–30 mm lang und nur 0,5–0,8 mm schmal; sie verfärben sich im Herbst goldgelb. Rosettenförmige Anordnung von 40–50 Nadeln an Kurztrieben, die Nadeln an Langtrieben sind in lockerer Form schraubenartig verteilt. Blüte: Eingeschlechtig und einhäusig. Die Blüten sind schon vor dem Blattaustrieb an mindestens 2jährigen Kurztrieben zu sehen. Die schwefelgelben männlichen Blütenstände sind rundlich bis eiförmig, etwa 5–10 mm groß (auf unserem Foto oben rechts erkennt man einige noch nicht ganz entwickelte im oberen Teil des Bildes). Die später grünlich werdenden weiblichen Blütenstände sind etwa 10–15 mm lang, eiförmig und kräftig rosarot. Die Bäume erreichen das Blühalter mit 12–15 Jahren. Frucht: Aufrecht sitzende, eiförmige Zapfen mit 40–50 Schuppen; sie fallen nach 5–10 Jahren zusammen mit den abgestorbenen Zweigen ab. Die Samen reifen im September/November des gleichen Jahres. Ähnliche Arten: Die auch forstlich genutzte Japanische Lärche *(L. kaempferi)* und die in Parks zu findende Zeder *(Cedrus).*
Standort: Mineralstoffhaltiger, lehmiger bis toniger Boden, mittel- bis tiefgründig, auf saurem oder basischem Gestein; manchmal auch auf sandigem Boden. Die Lärche bevorzugt im Sommer warmes, im Winter aber kaltes Klima mit trockener Luft. Vorkommen in reinen Beständen, aber ebenso in Laub- und Nadelmischwäldern mit viel Licht. Häufig im Hochgebirge an der Waldgrenze zu finden.
Verbreitung: Natürlich nur in den Alpen (bis 2000 m) und im Sudetenland; in ganz Mitteleuropa aber forstlich eingebracht.
Man verwendet die Lärche als Pioniergehölz zur Begrünung von Rohböden; ihre Nadeln verbessern den Boden. Die krautreichen, lichten Lärchenbestände im Bergland werden gerne als Viehweide genutzt. Lärchen neigen, vor allem in der Jugend, zu Pilzkrankheiten, wenn ihr Standort nicht sonnig und luftig genug ist. Das Holz der Lärche ist fest und dauerhaft und unempfindlich gegen Pilzbefall; bei Verwendung im Wasser ist es mit Eichenholz vergleichbar. Das harzreiche Holz wird im Bergbau verwendet, beim Bau von Schiffen, für Innenausstattungen, Fußböden und Fenster. Es wird auch zur Herstellung von Salben und zur Desinfektion von Hals und Rachen benutzt. Die Lärche ist ebenso wie Fichte und Tanne ein guter Waldhoniglieferant.

Wald-Kiefer
Pinus sylvestris

oben Zweig, unten links männliche Blütenstände
Mitte rechts Zapfen, unten rechts Rinde

20–35 m; Mai-Juni. **Merkmale:** Ein immergrüner Baum mit lockerer, kegelförmiger Krone, die ausgewachsen ungleichmäßig flach-rundlich bis schirmförmig wird und sich stark verdichtet. Der lange, gerade Stamm, manchmal knorrig gedreht, kann bis zu 1 m dick werden. Quirlständige Äste, im unteren Teil in Bogenform aufsteigend, nach oben hin unregelmäßig angeordnet, hängend oder aufsteigend. Die unteren Äste werden auch bei freistehenden Bäumen im Alter oft abgeworfen, so daß astlose Stämme nicht nur bei Bestandsbäumen die Regel sind. Kiefern wachsen in den ersten Jahrzehnten sehr schnell, sie erreichen ein durchschnittliches Alter von 200–300 Jahren. Rostrote bis rotbraune Plattenborke, rissig mit tiefen Furchen. Die Wurzeln gehen sehr tief und sind weit verzweigt und sorgen somit für eine gute Verankerung im Boden (Pfahlwurzel mit vielen Seitenwurzeln). <u>Blatt:</u> Die spitzen, bläulich-grünen Nadeln sitzen zu zweit an Kurztrieben (im Gegensatz zu den 5nadeligen Kiefern), sind 25–75 mm lang, am Ansatz deutlich gedreht und 1,5–2 mm breit. Sie fallen gewöhnlich nach 2–3 Jahren zusammen mit den Kurztrieben ab. <u>Blüte:</u> Die Blüten findet man an den jungen Langtrieben; die männlichen stände sind gelblich, 6–7 mm lang und sitzen am Grund der Triebe; mehrere weibliche kugel- bis eiförmige, rötliche Blütenstände, 5–6 mm lang, befinden sich fast endständig an den Langtrieben. Die Blühreife wird mit etwa 15 Jahren erreicht. <u>Frucht:</u> Zapfen mit kurzem Stiel, etwa 3–8 cm lang, mit sehr kräftigen Schuppen, in der Reife etwa 3–5,5 cm breit. Unter jeder Schuppe sind zwei 3–5 mm lange Samen, ausgestattet mit einem zarten, etwa 15 mm langen Flügel. Die Samen reifen erst im 2. Jahr, im September/Oktober. <u>Ähnliche Arten:</u> <u>Schwarz-Kiefer</u> *(P. nigra)* Zierbaum und Forstbaum mit 6-15 cm langen Nadeln auf kalkreichen Trockenstandorten, <u>Banks-Kiefer</u> *(P. banksiana),* <u>Dreh-Kiefer</u> *(P. contorta),* <u>Pech-Kiefer</u> *(P. rigida),* <u>Meer-Kiefer</u> *(P. pinaster).*
Standort: Die Kiefer begnügt sich mit nicht zu feuchten bis trockenen, sandigen bis torfigen Böden, bevorzugt allerdings kalkhaltige und basische Böden. Sie benötigt viel Licht und im Sommer Wärme; im Winter braucht sie ein kaltes Klima. Sie kommt in Mischwäldern und (forstlichen) Reinbeständen vor. Für Sandgebiete in Deutschland ist sie gewöhnlich landschaftsprägend (Mainz, Berlin, Nürnberg).
Verbreitung: Weit verbreitet in Europa, vor allem in den mitteleuropäischen Gebirgen, in Norddeutschland und Skandinavien; in den Alpen bis in Höhenlagen von 2200 m.
Die Wald-Kiefer wird zur Begrünung von Binnendünen und als Windschutz eingesetzt. Ihre Nadeln fördern die Versauerung der Böden. Gegen Abgase ist sie ziemlich unempfindlich, leidet aber unter Wildverbiß. In den deutschen Wäldern liegt der Kiefernanteil bei etwa 25%. Kiefernholz ist sehr haltbar. Das <u>Holz</u> ist härter als Fichten- oder Tannenholz und wird daher gern zum Bauen und auch in der Papierherstellung verwendet. Kiefernnadelöl wird als Heilmittel gegen Rheuma und Gicht oder zum Inhalieren verwendet.

Berg-Kiefer
Pinus mugo

oben Zweig
unten links männliche/weibliche Blütenstände, rechts Zapfen

Baum bis 20 m, Strauch bis 2 m; Juni-Juli. **Merkmale:** Die Berg-Kiefer kommt hauptsächlich in einer strauchförmigen Wuchsform (Krummholz-Kiefer, Latsche, Legföhre) oberhalb der Waldgrenze und auf Hochmooren vor. Sie besitzt dann am Boden kriechende Stämme und aufsteigende Äste. Sie wächst ausgesprochen langsam, so daß armdicke Stämme über 100 Jahre alt sein können. Seltener findet man sie auch als Baum mit aufrechtem Stamm und lockerer, kegelförmiger Krone; sie wird dann als Spirke bezeichnet. Graubraune, längsrissige Borke. Das Wurzelwerk ist flach und stark verzweigt, eine Pfahlwurzel fehlt. Blatt: Steife, frischgrüne, in Paaren angeordnete Nadeln, 30–80 mm lang, leicht säbelförmig gebogen; ihre Lebensdauer ist 5–12 Jahre. Blüte: Die Berg-Kiefer ist einhäusig. Die männlichen Blütenstände sind 10–15 mm lang und walzenförmig, die weiblichen sind 5–10 mm lang und sitzen bis zu viert am Ende junger Langtriebe. Frucht: Oft stehen bis zu drei der 2–5 cm langen, ziemlich dicken Zapfen beisammen. Die Samen reifen im Oktober/November des 2. Jahres. Ähnliche Arten: Kleinwüchsige Wald-Kiefern (s. S. 38).
Standort: Man findet die Berg-Kiefer in der Regel auf kalkhaltigen Böden, aber auch in Hochmooren. Sie stellt keine besonderen Ansprüche an Klima oder Boden und ist dadurch ziemlich anpassungsfähig, kommt häufig an Standorten mit Extrembedingungen vor, allerdings ist dort der Wuchs um so zwergenhafter.
Verbreitung: Gebirge Mitteleuropas, des Balkans sowie Nord- und Mittelitaliens. In den Gebirgen bis in Höhen von 2500 m im gesamten Mitteleuropa zu finden. Die Legföhre bildet im Gebirge am Übergang zur Baumgrenze (oft zusammen mit der Grün-Erle, s. S. 168) den Knieholzgürtel.
die Berg-Kiefer wird häufig zum Schutz vor Lawinen in den Bergen verwendet oder in küstennahen Gegenden als Windschutz. Ihr harzreiches, hartes, schweres Holz findet durch den Wuchs nur schwer Verwendungsmöglichkeiten. Es wird meist zur Herstellung von Holzkohle benutzt. Aus den Nadeln wird Kiefernöl gewonnen, das man als Badezusatz, zum Inhalieren oder Einreiben verwendet.

Arve, Zirbel-Kiefer, Zirbe
Pinus cembra

oben links Zweig, rechts Zapfen

10–25 m; Mai-Juli. **Merkmale:** Ein immergrüner Baum mit tief angesetzter, breiter Krone; im Alter rundlich-säulenförmig. Die dicht quirlig um den Stamm gruppierten Äste stehen säbelförmig nach oben. Sehr langsam wachsend, kann 700–1000 Jahre alt werden. Dicke Borke, graubraun bis rotbraun, längsrissig. Wurzelwerk tiefreichend und weit ausgebreitet. Blatt: Weiche, biegsame Nadeln von 5–12 cm Länge, mit fein gesägtem Rand, zu 5 gebündelt; sie fallen nach 4–6 Jahren ab. Blüte: Einhäusig; die männlichen Blütenstände sind 15 mm, die roten weiblichen 10–15 mm lang; sie sitzen zu 1–6 aufrecht beisammen. Blühfähig erst mit 50–60 Jahren. Frucht: Die Zapfen, 5–13 cm lang und 4–8 cm breit, verfärben sich von bläulichgrün-violett bis zimtbraun; sie sitzen aufrecht und fallen erst im Frühjahr des 3. Jahres mit den dickschaligen Samen ab. Die Samen werden im September/Oktober reif; sie werden hauptsächlich durch den Tannenhäher verbreitet. Ähnliche Arten: Siehe Wald-Kiefer (S. 38). **Standort:** Die Arve bevorzugt tiefgründige, frische, saure Lehmböden mit mäßigem Mineralstoffgehalt und ist auf reichlich Licht angewiesen. Sie kommt im kalten Klimabereich mit geringer Luftfeuchte vor, braucht im Sommer aber Wärme und höhere Luftfeuchtigkeit. Man findet sie oft zusammen mit Lärchen, manchmal aber auch in Reinbeständen. **Verbreitung:** Hauptsächlich in den Alpen und Karpaten; in Höhenlagen von 1300–2700 m.

Der sehr widerstandsfähige Baum gehört zu den wichtigen Schutzgehölzen der Hochlagen. Das Holz der Zirbel-Kiefer ist sehr haltbar und trotzdem weich und leicht; es werden daraus Schindeln hergestellt. Zirbennüsse sind eßbar.

Weymouths-Kiefer, Strobe
Pinus strobus

unten links Zweig, rechts Zapfen

30–60 m; Mai-Juni. **Merkmale:** Ein immergrüner, schnell wachsender Baum. Der gerade Stamm wird bis 1,5 m dick. Kann ein Alter bis zu 500 Jahren erreichen, blüht aber bereits mit 10–15 Jahren. Durch starke Pfahlwurzel und weitstreichende Seitenwurzeln sehr sturmfest. Blatt: 5 bläulich-grüne Nadeln in einem Bündel, etwa 5–15 cm lang, sehr dünn, mit fein gesägtem Rand. Lebensdauer 3 Jahre. Blüte: Einhäusig; gelbliche männliche Blütenstände 6–7 mm lang; hellrote weibliche Blütenstände 10–15 mm lang, aufrecht, bis 4 zusammen. Frucht: 1–3 gestielte Zapfen endständig zusammenstehend; sie werden 10–18 cm lang und 3–4 cm breit; die Spitze ist oft gebogen. Samenreife im August/September des 2. Jahres. Ähnliche Arten: Siehe Wald-Kiefer (S. 38). **Standort:** Wächst auf frischen, tiefgründigen Böden, bei hoher Boden- und Luftfeuchte, in Nadel- oder Mischwäldern oder in Reinbeständen. **Verbreitung:** Heimat ist Nordamerika. In Mitteleuropa in Niederungen und mittleren Gebirgslagen bis 600 m forstlich angebaut.

Bodenverbessernd und gegen Abgase unempfindlich, leidet aber unter Blasenrost und Wildverbiß. Das Holz dieser Kiefer ist ziemlich weich und leicht; es wird daher meist nur als Furnier- oder Sperrholz verwendet.

Wacholder
Juniperus communis

oben links Zweig, rechts männliche Blütenstände
unten Früchte

Baum bis 15 m, Strauch bis 6 m; April-Juni. **Merkmale:** Ein immergrüner Strauch oder Baum mit kurzem, bis 30 cm breitem Stamm. Wächst meist mehrstämmig; die reiche Verzweigung beginnt schon kurz über dem Boden. Dieses sehr langsam wachsende Gehölz hat vielgestaltige Kronenformen: kegelförmig, rund, breit oder abgeflacht. Die feine, graue bis rötlich-braune Borke ist am Anfang glatt, später dann mit längsstreifiger Faserung. Das Pfahlwurzelsystem paßt sich den unterschiedlichen Gegebenheiten sehr gut an. Blatt: Die spitzen, stechenden Nadeln, 10–15 mm lang und 1–2 mm breit, sind 3quirlig angeordnet, graugrün, mit einem breiten weißen Band an der Oberseite. Blüte: Männliche und weibliche Blütenstände wachsen blattachselständig auf den Zweigen des Vorjahres, auf verschiedene Bäume verteilt (zweihäusig). Die gelben männlichen Blütenstände sind 4–5 mm lang, die weiblichen sind grün und fallen kaum auf. Frucht: Die Deckschuppen der Zapfen verwachsen zu fleischigen, anfangs grünen, später schwarzblauen, etwa erbsengroßen, kugelrunden Beeren, die wie mit Reif überzogen wirken. Sie enthalten 1–3 Samen mit harter Schale, die im August/Oktober des 2. oder 3. Jahres reif werden. Ähnliche Arten: In Gärten und Parks werden viele Wacholder-Arten und -Zuchtformen angepflanzt; Lebensbäume *(Thuja-*Arten*)* haben oft eine gewisse Ähnlichkeit mit ihnen.

Standort: Der Wacholder begnügt sich mit nährstoffarmen, flach- bis mittelgründigen Böden mit ausgeglichenem Grundwasserhaushalt. Er gedeiht sogar noch auf kalkarmen, sauren Böden, wie z. B. Moorböden, und verträgt hohe Kältegrade, ist aber auch gegen starke Hitzeeinwirkung unempfindlich. Man kann ihn in Zwergstrauchheiden finden oder auch in hellen Nadelwäldern. In manchen Gegenden gibt es reine Wacholderheiden, oft auf Muschelkalkhängen.

Verbreitung: In ganz Europa vom Tiefland bis in 1600 m Höhe in den Alpen verbreitet.

Im Landschaftsbau wird der Wacholder meist als Unterholz angepflanzt oder am Waldrand eingesetzt. Er ist gegen Abgase empfindlich. Die Beeren enthalten etwa 30 % Zucker und ätherische Öle. Sie bieten Nahrung für viele Vogelarten, die die Samen auch verbreiten und gerne im dichten Geäst nisten. Das weiche, zähe Holz ist sehr haltbar und wird für feinere Holzarbeiten verwendet; zusammen mit den frischen Zweigen auch zum aromatischen Räuchern. Die reifen Früchte werden getrocknet und als Gewürz in der Küche oder bei der Branntweinherstellung (Gin) verwendet. Das Öl der Beeren und des Holzes wirkt blutreinigend, harn- und schweißtreibend und wird in der Naturheilkunde als Heilmittel gegen Gicht, Rheuma sowie Gefäß- und Nervenkrankheiten verwendet.

Zitter-Pappel, Espe
Populus tremula

oben links Laub, rechts männliche Blütenstände
unten links Fruchtstände, rechts Rinde

10–30 m; März-April. **Merkmale:** Ein sommergrüner Baum mit breiter, rundlicher Krone. Wächst sehr schnell. Stamm bis 1 m dick. Manchmal strauchartig entwickelt. Der Baum wird etwa 100 Jahre alt. Die graugrüne Rinde bleibt lange glatt, aber mit auffallenden Korkwarzen; später wird sie schwarzgrau, mit groben Längsrissen. Die Wurzeln breiten sich intensiv aus, in ihrem Tiefenwachstum passen sie sich den Standortbedingungen an. Blatt: Wechselständige Anordnung der rundlichen, gekerbten Blätter mit langem, platten Stiel; oberseits dunkelgrün, unterseits bläulich-graugrün, im Herbst gelb. Sie werden aufgrund der Stielform von jedem Luftzug bewegt. Blüte: Zweihäusig. Nicht besonders auffallende Kätzchen (4–10 cm). Blütezeit noch vor dem Austrieb der Blätter. Frucht: Die vielsamigen, 3–4 mm großen Kapseln entlassen im Mai/Juni die reifen, mit weißen Pappushaaren als Flughilfe ausgestatteten Samen. Ähnliche Arten: Die Zahl der vor allem forstlich genutzten Pappel-Arten und -Formen ist sehr groß. Neben den 3 hier behandelten Arten sind vor allem zu nennen die Kanadische oder Bastard-Pappel *(P. x canadensis),* die Virginische Pappel *(P. deltoides),* die Balsam-Pappel *(P. balsamifera)* und die Ontario-Pappel *(P. x gileadensis).* Man teilt die Pappeln nach ihrem Erscheinungsbild auch in Sektionen ein.
Standort: Benötigt grundwasserbeeinflußte Böden, die nährstoff- und basenreich sind, und verträgt bei guter Bodenbelüftung auch leicht saure Böden mit Lehm-, Sand-, Stein- oder Lößgrund. Sie braucht viel Licht und Wärme. Man findet sie in lichten Wäldern, im Alleinstand, in kleineren Reinbeständen und oft auch als Alleebaum angepflanzt.
Verbreitung: In ganz Europa heimisch und vom Tiefland bis zu 1800 m Höhe in den Alpen weit verbreitet.
Die Zitter-Pappel vermehrt sich durch Samen und Wurzelschößlinge besonders schnell und wird deswegen gern zur Wiederbewaldung nach Kahlschlägen und als Pionier- und Vorwaldgehölz auf grundwasserfernen Rohböden eingesetzt. Als Straßenbaum wenig geeignet, da sie später morsche Äste abwirft und gegen Abgase sehr empfindlich ist. Die Rinde ist verbißgefährdet. Das schwere, feste und zähe Holz wird zur Herstellung von Zündhölzern verwendet.

Schwarz-Pappel
Populus nigra

RL3 (Wildform); oben Laub
Mitte rechts männliche Blütenstände, unten rechts Rinde

Bis 30 m; März-April. **Merkmale:** Ein sommergrüner Baum mit breit ausladendem Wuchs und starkem, unregelmäßigem Astwerk. Kurzer, bis 2 m dicker Stamm. Wächst sehr schnell, kann aber trotzdem bis zu 300 Jahren alt werden. Die Borke ist tief gefurcht, graubraun bis schwarzgrau. Die Schwarz-Pappel durchwurzelt den Boden sehr intensiv und weit. Blatt: Lange, spitze, rhombenförmige Blätter (5–10 cm), am Rand fein gesägt, mit dünnem Stiel, unterseits heller grün, sitzen wechselständig an den Zweigen; sie verfärben sich im Herbst gelb. Blüte: Zahlreiche Blüten sitzen an 4–10 cm langen männlichen oder weiblichen Kätzchen, die auf verschiedene Bäume verteilt sind (zweihäusig). Frucht: 5–6 mm lange Kapseln, die sich 2klappig öffnen; die vielen feinbehaarten Samen reifen im Mai/Juni. Zur Fruchtreife schauen ganze Bäume wie mit Watte bedeckt aus. Ähnliche Arten: Siehe Zitter-Pappel (S. 46). **Standort:** Nährstoff- und basenreiche, grundwassernahe Lehm- oder Sandböden, z. B. in Flußauen; sie müssen tiefgründig, locker und alkalisch sein. Standorte mit viel Sonmmerwärme werden bevorzugt. **Verbreitung:** Weit verbreitet in Süd- und Mitteleuropa, vom Tiefland bis in Höhen von 1400 m; kommt bei uns häufig in den Lech-Auen vor.
Wegen ihrer Wuchsleistung wird die Schwarz-Pappel häufig angepflanzt. Als Pyramiden-Pappel beliebter Alleebaum. Als Kopfpappel bietet sie gute Nistmöglichkeiten für Vögel. Durch seine lange Faserung wertvollstes Pappel-Holz, das zur Möbelherstellung verwendet wird. Die Knospen werden zu Salben gegen Entzündungen, Erkältungen, Rheuma und Gicht verarbeitet.

Silber-Pappel
Populus alba

unten links Laub

15–30 m; März-April. **Merkmale:** Ein sommergrüner Baum mit breiter, rundlicher Krone. Die jungen Zweige sind filzig behaart, der kurze Stamm wird bis 2 m dick. Sehr weit ausgedehntes Wurzelwerk mit starker Neigung zur Wurzelbrut. Glatte, olivgrüne Rinde und dicke, dunkelgraue Borke mit tiefen Furchen. Blatt: Eiförmig, grob gezähnt, unregelmäßig 3–5lappig, mit behaartem Stiel (2–5 cm), oberseits dunkelgrün, unterseits dicht mit weißem Filz besetzt (Name!). Blüte: Die Blüten bilden nicht sehr auffallende männliche und weibliche Kätzchen, die zweihäusig verteilt sind; sie blühen noch vor dem Laubaustrieb. Frucht: Vielsamige Kapseln (3 mm) reifen im Mai/Juni. Die mit Flughaaren ausgestatteten Samen werden vom Wind verbreitet. Ähnliche Arten: Siehe Zitter-Pappel (S. 46). **Standort:** Feuchte, gut durchlüftete Lehm- und Tonböden, basenreich und mit guter Nährstoffversorgung; vorzugsweise Flußniederungen oder Auwälder; Standorte, die viel Licht bieten. **Verbreitung:** Süd-, Mittel- und Osteuropa; in der Alpenregion bis 1400 m. Bei uns vor allem im Oberrhein-, Donau- und Odergebiet.
Als schöner, ausladender Alleebaum gut geeignet. Die Silber-Pappel kann 400–500 Jahre alt werden; ihr weiches, leichtes Holz wird zum Möbelbau verwendet.

Silber-Weide
Salix alba

oben links Laub, rechts männliche Blütenstände
unten links Fruchtstände, rechts Rinde

10–20 m; April-Mai. **Merkmale:** Ein sommergrüner Baum mit breiter, weit verzweigter Krone. Alte Silber-Weiden gehören zu unseren schönsten Bäumen; sie erinnern oft an Ölbäume, werden aber viel stattlicher. Hängende, in der Jugend anliegend behaarte Zweige. Der Stamm kann im Alter bis 2 m dick werden. Die Borke ist dunkelgrau und weist grobe Längsrisse auf. Das Wurzelwerk ist sehr dicht und fein verteilt. Blatt: Die schmalen, lanzettlichen Blätter (6–10 cm lang, bis 2 cm breit) sitzen wechselständig an den Zweigen; sie sind meist auf beiden Seiten seidig behaart und wirken dadurch silbrig (Name!). Sie sind an den Enden zugespitzt, oberseits dunkelgrün, unterseits graublau; sehr fein gesägter Blattrand; kurzer Stiel. Blüte: Die männlichen und weiblichen Kätzchen sind 5–6 cm lang und haben beblätterte Stiele; sie sind auf verschiedene Bäume verteilt (zweihäusig). Die männlichen Kätzchen erscheinen zusammen mit dem ersten Laubaustrieb. Frucht: Die 4 mm lange, vielsamige Kapsel reift im Juni/Juli; die Samen tragen lange weiße Haare, die als Flughilfe dienen. Ähnliche Arten: Andere schmalblättrige Weiden-Arten. Es gibt in Mitteleuropa etwa 30 Weiden-Arten und eine Vielzahl von Unterarten, Bastarden, Kreuzungen und Zuchtformen. Viele sind schwer zu unterscheiden.
Standort: Liebt nasse, nährstoffreiche Ton- oder Schlickböden im ufernahen Bereich der Auwälder; manchmal auch in feuchten Gebirgswäldern; periodische Überschwemmungen schaden der Silber- Weide nicht.
Verbreitung: Im Tiefland Süd-, West-, Ost- und Mitteleuropas weit verbreitet; wächst in den Gebirgsregionen nur bis in Höhenlagen von 900 m.
Eine der am häufigsten vorkommenden Baumweiden-Arten im mitteleuropäischen Raum. Sie wächst sehr schnell und kann ein Alter von etwa 200 Jahren erreichen. Junge Silber-Weiden sind zur Befestigung von Uferböschungen sehr geeignet. Alte Bäume haben oft hohle Stämme, da das schwammige Holz nicht lange hält. Das Holz der Silber-Weide ist schwer zu verarbeiten, daher gibt es geringe Verwendungsmöglichkeiten. Aus den Zweigen wird Flechtwerk hergestellt. Werden die Ruten regelmäßig abgeschnitten, entstehen die sogenannten Kopfweiden, die vielen Vögeln Schutz bieten. Rinde und Blätter werden naturheilkundlich gegen Rheuma, Fieber, Grippe oder als Blutgerinnungsmittel verwendet. In der Rinde aller Weiden (ebenso in Eichen, Stiefmütterchen und Veilchen) ist Salicylsäure enthalten, ein in hohen Dosen giftiger Naturstoff, der zur Farbstoff- und Arzneimittelsynthese und Lebensmittel-Konservierung verwendet wird. Er wirkt als pflanzlicher Keimhemmungsstoff.

Sal-Weide
Salix caprea

oben Laub
unten links männliche Blütenstände, rechts Fruchtstände

Bis 10 m; März-Mai. **Merkmale:** Ein sommergrüner, gerade wachsender Strauch oder kleiner Baum mit dichter, rundlicher Krone. Die frischen, behaarten, gräulich-grünen Zweige werden später glatt und verfärben sich glänzend rotbraun; die Zweige weiblicher Sträucher bleiben meist grün. Die graue bis dunkelbraune Borke weist längliche Risse auf. Durch Lauf- und Senkwurzeln gehen Sal-Weiden sehr in die Breite. Blatt: Breite, länglich-ovale, in der Regel zugespitzte Blätter (4–12 cm lang, 2–6 cm breit); Oberseite dunkelgrün, Unterseite gräulich, oft filzig behaart. Der gewellte Rand ist zart gesägt; etwa 1–2 cm langer Stiel. Blüte: Unauffällige Blüten an eiförmigen Kätzchen (3 cm lang), die schon vor dem Laubaustrieb zu sehen sind. Männliche und weibliche Blüten sind auf verschiedene Bäume verteilt (zweihäusig). Frucht: Die bis zu 10 mm langen, vielsamigen Kapseln reifen im Mai/Juni. Sie werden bevorzugt von Finkenvögeln gefressen und verbreitet. Ähnliche Arten: Die Ohr-Weide (s. S. 56) und andere breitblättrige Weiden (s. Silber-Weide, S. 50).
Standort: An den Rändern oder in Lichtungen der Wälder; wächst oft im Uferbereich von Gewässern, in Auwäldern oder Steinbrüchen. Liebt feuchte, humose Lehm-, Sand- oder Steinböden mit ausreichender Nährstoffversorgung.
Verbreitung: Allgemein weit verbreitet von den mitteleuropäischen Tieflagen bis in Höhenlagen von 2000 m in den Alpen.
Die Sal-Weide wächst schnell. Ihre bodenverbessernde Wirkung auf humusarmen Rohböden, rutschgefährdeten Hängen und Böschungen sowie Schlackenhalden, Schwermetallböden und Trümmerschutt macht sie zu einem wichtigen Pioniergehölz. Sie ist im Frühjahr ein wichtiger Pollen- und Nektarlieferant für die Bienen. Das Holz ist leicht, aber zäh und biegsam; Verwendungsmöglichkeiten in der Drechslerei. Die Rinde wird zum Gerben oder Färben verwendet.

Korb-Weide

Salix viminalis

oben Laub
unten links männliche Blütenstände, rechts Fruchtstände

3–10 m; März-April. **Merkmale:** Ein sommergrüner, aufrecht wachsender Baum oder Strauch. Junge Zweige anfangs grau behaartGraubraune Borke mit tiefen Längsrissen. Blatt: Die schmalen, lanzettförmigen Blätter (bis 15 cm lang und 1,5 cm breit) mit kurzem Stiel erinnern an das Laub der Silber-Weide. Sie laufen spitz zu und stehen ziemlich dicht. Die Unterseite wirkt durch die dichte Behaarung silbrig glänzend; die Oberseite ist glänzend bis matt grün; der grob gewellte Rand ist nach unten eingerollt. Blüte: Zweihäusig. Die etwa 3 cm großen Kätzchen sind dicht seidig behaart; sie erscheinen schon vor den ersten Blättern. Das Vorhandensein von Nektarien läßt erkennen, daß neben der Windbestäubung auch die Insektenbestäubung eine Rolle spielt. Frucht: Die vielsamige, ovale Kapsel (6 mm) reift im Mai.
Ähnliche Arten: Andere schmalblättrige Weiden (siehe Silber-Weide, S. 50).
Standort: An Ufern von Bächen und Flüssen, in Auwäldern und Niederungen, wo sie auf basischen Ton-, Sand- oder Schlickböden genügend Nährstoffe findet; gelegentliche Überflutungen schaden ihr nicht.
Verbreitung: In Europa weit verbreitet; nicht auf den Britischen Inseln, in Skandinavien und den Mittelmeerländern; wächst bis in Höhenlagen von 800 m.
Bestens für die Bepflanzung von Gewässerrändern und für den technischen Lebendverbau geeignet. Durch regelmäßiges, jährliches Schneiden bilden sich bis zu 2,5 m lange, sehr biegsame Ruten. Sie lassen sich leicht schälen und werden zur Herstellung von Flechtarbeiten, hauptsächlich für Körbe (Weißkorbwaren), verwendet. Als Kopfweide geschnitten, bietet auch die Korb-Weide im Alter gute Brutplätze für höhlenbrütende Vogelarten. Im März April ist sie ein wichtiger Pollenlieferant für Bienen und andere Insekten.

Grau-Weide
Salix incana
                        oben links Laub, rechts männliche Blütenstände

6–10 m; März-April. **Merkmale:** Ein hoher Strauch oder kleiner Baum mit besenartiger Krone. Äste und Knospen dicht schwarzfilzig. Blatt: 5–10 cm lang und bis 8 cm breit, unterseits matt graufilzig. Blattrand umgerollt, mit undeutlichen Zähnen. Keine Nebenblätter. Blüte: Kätzchen 4–9 cm lang. **Standort:** Wächst vorzugsweise auf Gesteins- oder Geröllböden im Uferbereich an Tümpeln und Teichen. **Verbreitung:** Vorwiegend in Süddeutschland beheimatet. Die Grau-Weide wird zur Bodenbefestigung von Böschungen auf Geröllböden sowie Gesteins- oder Schuttböden verwendet.

Öhrchen-Weide
Salix aurita
                                unten links Zweig mit Laub

2–4 m; März-Mai. **Merkmale:** Niedriger, sperriger Strauch, dessen dünnes Zweigwerk sich in der Breite sehr ausdehnt. Die glatte Rinde verfärbt sich später braun. Blatt: Breiter als bei anderen Weiden, beidseitig behaart, netzrunzelig, der gewellte Blattrand ist grob gezähnt-gekerbt; ohrenförmige Nebenblätter (s. Foto; Name!). Blüte: Männliche Kätzchen bis 2,3 cm lang, weibliche bis 3 cm; zweihäusig. Frucht: Eine vielsamige Kapsel (7–8 mm), die im Mai/Juni reift. **Standort:** Liebt feuchte Wiesen oder Wälder sowie sumpfige Flach- und insbesondere Hochmoorböden. Stauwasserverträglich. **Verbreitung:** In Europa verbreitet, vom Tiefland bis 1800 m in den nördlichen Alpen.
Wird oft zur Böschungsbefestigung im Uferbereich von Flüssen und Bächen herangezogen. Wichtiger Nektarlieferant für Hummeln und Bienen.

Purpur-Weide
Salix purpurea
                            unten rechts männliche Blütenstände

1–7 (10) m; März-Mai. **Merkmale:** Meist bis 3 m hoher Strauch; als Baum mit besenartiger Krone maximal 10 m hoch. Blatt: Etwa 1,5 cm schmale, lanzettförmige Blätter; oberseits dunkel, unterseits hell blaugrün. Zweige teils rot überlaufen. Blüte: Kätzchen schlank und dichtblütig, vor Blattaustrieb. **Standort:** Anspruchslos; wächst auf frischen, humusreichen oder lehmigen Sandböden; häufig auf Trockenschotterböden der Flußauen und an schnell fließenden Alpenbächen. Hält auch längeren Überschwemmungen stand. **Verbreitung:** Ebene bis Gebirge, vor allem Kalkgebiete; Alpen bis 1100 m.
Wächst langsam. Die sehr biegsamen Ruten werden als Bindeweide (Flechtzäune) und für den Lebendverbau mit Spreitlagen verwendet. Pollenlieferant. Durch den Gehalt an bitterem Salicin und Gerbstoffen weniger verbißgefährdet als die Korb-Weide. Rinde und Blätter werden als Heilmittel gegen Rheuma, Fieber, Grippe, Darmkrankheiten und zur Blutgerinnung verwendet (wie Silber-Weide).

Kriech-Weide
Salix repens

oben links Laub, rechts männliche Blütenstände

0,5–1 m; April-Mai. **Merkmale:** Sommergrüner, niedriger Strauch mit unterirdischer Achse und teils kriechenden, teils aufrechten Zweigen. Blatt: Kurz gestielte, lanzettförmige Blätter (bis 5×2 cm); oberseits seidig behaart, verkahlend; unterseits bleibend, seidenglänzend dicht behaart. Blüte: Die Kätzchen der zweihäusigen Pflanze entfalten sich kurz vor dem Laubaustrieb. Ähnliche Arten: Siehe Silber-Weide (S. 50). **Standort:** Die ansonsten anspruchslose Kriech-Weide benötigt Standorte in Grundwassernähe. Man findet sie in torfigen Hochmooren ebenso wie auf den sauren, feuchten Böden von Flachmoorwiesen (»Moorweide«), aber auch in Dünen oder Heiden. **Verbreitung:** Von Norditalien bis Finnland. Von der Küstenebene bis zu den Alpen (1700 m).
Ein wichtiges Gehölz zur Befestigung von Sandböschungen, Rohböden oder Spülsandflächen. Die Krich-Weide erholt sich nach Versandungen ziemlich schnell und breitet sich zu ausgedehnten Strauchpolstern aus.

Teppich-Weide, Stumpfblättrige Weide
Salix retusa unten Laub und männliche Blütenstände

5–30 cm; Juli-August. **Merkmale:** Sommergrüner Spalierstrauch mit kriechenden, wurzelnden Zweigen. Blatt: Kurz gestielt, eiförmig (5–20 mm × 5–10 mm), beidseitig glänzend grün. Blüte: Kätzchen zweihäusig verteilt, mit den Laubblättern austreibend. Fruchtreife August/September. Ähnliche Arten: Alpen-Weide *(S. alpina)*, Kraut-Weide *(S. herbacea)*, Netz-Weide *(S. reticulata)*. **Standort:** Feinschuttreiche Schneeböden, Kalkfelsen. **Verbreitung:** In den Alpen zwischen 1400 und 2600 m.
Eine ausgesprochene Alpenpflanze, die im Schutz der Schneedecke überwintert.

Walnuß
Juglans regia

oben links Blätter, rechts männliche Blütenstände
unten links Früchte, rechts Rinde

10–25 m; April-Mai. **Merkmale:** Ein sommergrüner Baum mit breiter, kugelförmiger Krone. Typisch ist der relativ kurze, bei sehr alten Bäumen bis zu 2 m dicke Stamm. Anfangs ist der Stamm silbergrau, im fortgeschrittenen Alter mit dunkel graubrauner, tief gefurchter Borke; die länglichen Risse wirken gleichmäßig verteilt. Die frischen, glänzenden Zweige sind hellgrün und rundum behaart. Die Bäume besitzen eine lange, kräftige, aber weiche Pfahlwurzel, die im Alter viele Seitenwurzeln bildet. Dadurch ist der Baum gegenüber Stürmen ziemlich unempfindlich. Blatt: Die unpaarig gefiederten Blätter sind 15–40 cm lang; 5–9 länglich-eiförmige, nahezu ganzrandige Fiedern sitzen an einem Stiel. Zerrieben verbreiten die Blätter ein wohlriechendes Aroma. Blüte: Die eingeschlechtigen Blütenstände werden zur gleichen Zeit mit den Blättern sichtbar. Männliche und weibliche Blüten befinden sich zusammen auf einem Baum (einhäusig). Die gelbgrünen männlichen Kätzchen sind in der Blütezeit bis zu 15 cm lang. Die sehr kleinen, roten weiblichen Blütenkätzchen sitzen bis zu 5 am Ende der beblätterten Jungtriebe. Frucht: Die bekannten Nüsse sind von einer hellgrünen Schale umgeben, die sich während der Reifezeit im September/Oktober ablöst. Ähnliche Arten: Keine.
Standort: Tiefgründige, kalkhaltige sowie feuchte Lehmböden mit ausreichender Nährstoffversorgung; mäßig sauer. Braucht viel Licht und mildes Klima (spätfrostgefährdet). Der Walnußbaum ist kein Waldbaum; er kommt bei uns in der Regel nur in Gärten oder Parks vor, wo er sich auch selber aussät.
Verbreitung: Die Heimat des Walnußbaumes ist die Balkan-Halbinsel; wird in Mitteleuropa meistens angepflanzt.
Ein besonders schnell wachsender Baum, der schon nach 10–15 Jahren blüht. Das Durchschnittsalter liegt bei 150 Jahren, es wird aber auch ein Alter von 500 Jahren erreicht. Die Walnuß eignet sich zur freistehenden Anpflanzung in spätfrostfreier Ortslage. Ihr Holz gehört zu den hochgeschätzten Edelhölzern und wird zu Furnierholz verarbeitet: schmaler, heller Splint mit dunkelbraunem, gemasertem Kern. Das Holz ist sehr haltbar, hart und leicht zu bearbeiten und wird oft in der Möbelschreinerei verwendet. Das Öl der Walnuß enthält bis zu 60 % Fettanteil und sehr viel Eiweiß; es dient der Produktion von Speiseöl. Deshalb gilt der Walnußbaum schon seit Jahrhunderten als wichtiges Kulturgehölz. Seine Blätter und Nußschalen wirken blutreinigend und werden in der Naturheilkunde gegen Vergiftungen, Leberkrankheiten, Vitaminmangel usw. eingesetzt. Der Saft aus grünen Schalen und Blättern färbt Haut und Haare dunkel bis schwarz.

Hainbuche, Weißbuche
Carpinus betulus

oben links Laub, rechts männl. Blütenstände
unten links Fruchtstand, rechts Rinde

Bis 25 m; Juni. **Merkmale:** Sommergrüner Baum mit reich verzweigter, unregelmäßiger, manchmal fast besenförmiger Krone, deren untere Äste oft waagrecht abstehen. Die jungen Triebe sind zart behaart, später glatt olivgrün bis rötlich- braun. Glatter Stamm mit grauen Streifen, manchmal Drehwuchs. Das dichte Wurzelwerk breitet sich den Standortgegebenheiten entsprechend weit aus. Blatt: Die weichen, länglich-ovalen Blätter (bis 10 × 6 cm) mit doppelt gesägtem Rand verfärben sich im Herbst goldgelb. Zweizeilige Anordnung mit kurzem Stiel. Deutlich sichtbare Aderung auf Ober- und Unterseite mit parallel verlaufenden seitlichen Nervenlinien. Blüte: Unauffällige grüne Kätzchen; die männlichen (4 cm) sind etwa doppelt so groß wie die weiblichen und übertreffen diese auch in ihrer Anzahl. Sie erscheinen zusammen mit den ersten Blättern. Frucht: Die Nußfrüchte sind 5–10 mm lang und sitzen einem 3lappigen Flugapparat an, der aus dem mit dem Tragblatt verwachsenen Vorblättern der Blüte besteht. Die später braun werdenden Früchte und Flugorgane werden im September/Oktober reif und sind oft noch im Winter an den Bäumen zu sehen. Ähnliche Arten: Keine unmittelbaren.
Standort: Fruchtbare, tiefgründige Lehmböden, mäßig feucht. Verträgt hohen Grundwasserstand, nicht aber Staunässe. Wenn Sickerwasser oder Kalk vorhanden sind, gedeiht die Hainbuche auch auf heißen, sonnigen Hängen. Sie kommt in gemischten Laubwäldern (Eichen-Hainbuchen-Wäldern) vor, bildet aber auch reine Bestände; oft auch als Unterholz in den Wäldern.
Verbreitung: In Mitteleuropa häufig und weit verbreitet vom Tiefland bis in Höhen von 800 m in der Alpenregion.
Hainbuchen erreichen ein Höchstalter von etwa 150 Jahren, sie wachsen anfangs sehr langsam. Durch ihr mildes Laub und dessen rasche Zersetzung haben sie bodenverbessernde Wirkung. Sie sind frühfrostgefährdet und gegen Abgase recht empfindlich. Da sie kräftigen Schnitt vertragen, eignen sich Hainbuchen auch als Heckenpflanze; sie behalten dann ihr Laub bis zum Frühjahr. Auch lassen sie sich auf den Stock setzen. Hain- oder Weißbuchen-Holz ist das härteste und schwerste unserer Hölzer; es wird zur Herstellung von Möbeln verwendet und gilt als wertvolles Brennholz. Die Samen dienen Vögeln und Kleinsäugern als Nahrung.

Haselnuß

Corylus avellana

oben Laub
unten links männliche Blütenstände, rechts Früchte

2–6 m; Februar-März. **Merkmale:** Ein sommergrüner, schon ab dem Boden vielstämmiger Strauch mit teilweise gertenartig geraden Trieben. In der Jugend glänzend braune, später silbrig-graubraune, längsrissige Rinde, die schnell kahl wird. Ein weitverbreitetes Wurzelsystem erschließt den Boden sehr gut. Blatt: Breit- rundlich bis verkehrt-eiförmig (bis 15 × 10 cm) mit kurzer Spitze; wechselständig, mit 5–15 mm langem Stiel; sehr weich und beidseitig behaart, doppelt gesägter Blattrand, 6–7 Nervenpaare. Blüte: Die gelben männlichen Kätzchenblüten (8–10 cm) und die kleinen roten weiblichen Blüten erscheinen schon lange vor dem Laubaustrieb; beide befinden sich auf einem Strauch (einhäusig). Die männlichen werden schon im Jahr vorher angelegt und überwintern nackt; die weiblichen sind in Knospen geborgen, man sieht nur die fädigen Narben (auf dem Foto über den männlichen Kätzchen). Frucht: Die bekannten Haselnüsse, rundliche, hartschalige Früchte (16–18 mm), stecken in einem ausgefransten, blattähnlichen Fruchtbecher; sie reifen im August/September, meist hängen 2–4 zusammen. Ähnliche Arten: Die südosteuropäische Lamberts-Hasel *(C. maxima)* und die Baum-Hasel *(C. colurna)* werden als Ziergehölze gepflanzt.

Standort: Hauptsächlich Auen und Ebenen mit tiefgründigen, steinigen Lehmböden, die locker und nährstoffreich sind. Man findet die Hasel oft an Waldrändern, Bächen oder im hellen Laubwald. Sie liebt nicht zu kalte Winter, viel Niederschlag und Helligkeit.

Verbreitung: Im mitteleuropäischen Tiefland weit verbreitet, und häufig; bis zu 1400 m Höhe in den Alpen.

Die Hasel zeichnet sich durch starken Stockausschlag aus, der tief am Wurzelstock oder dicht unter der Oberfläche ansetzt, so daß man die Sträucher zur Verjüngung gänzlich abschneiden kann. Sie ist eines der wichtigsten Gehölze für die Anlage von Feldhecken, wobei ihre große Windhärte positiv zu Buche schlägt. Auch als Waldmantel tut sie gute Dienste. Sie ist ein guter Bodenbefestiger, ihr schnell verrottendes Laub wirkt bodenverbessernd. Die Frucht enthält etwa 60% Fett und 20% Eiweiß sowie Vitamin A und B. Das Holz ist zäh und weich; früher fand es bei der Faßherstellung Verwendung, oder man macht daraus Holzkohle. Die maserigen Wurzeln werden gern als Drechslerholz verwendet. Verbreitung der Früchte durch Tiere des Waldes: Eichhörnchen, Häher, Kleiber, Siebenschläfer oder Mäuse. Schon ab Januar bis in den März liefert die Hasel Bienen und anderen Insekten ersten Pollen.

Moor-Birke
Betula pubescens

oben links Laub

5–30 m; April-Mai. **Merkmale:** Sommergrünes, meist mehrstämmig wachsendes Gehölz. Zweige waagrecht abstehend oder besenartig nach oben gerichtet (vgl. folgende Art). Länglich-eirunde Krone. Kurzflaumig behaarte junge Triebe. Die schmutzig-weiße Rinde löst sich in Ringen ab; bei alten Bäumen schwarze »Steinborke« an der Basis des Stammes. Das Wurzelwerk erstreckt sich weit. Blatt: Dreieckig-eiförmig, gestielt (bis 5 × 3,5 cm), spitz zulaufend; Blattrand einfach bis doppelt gesägt. Blüte: Unscheinbare eingeschlechtige Kätzen; die männlichen (8 cm) hängend, die weiblichen aufrecht stehend (4 cm) auf einem Baum (einhäusig). Frucht: Einsamige Nuß (2,5 mm) mit seitlichen, dünnhäutigen Flügeln; Reifezeit August/September. Ähnliche Arten: Hänge-Birke. Die Niedrige Birke *(B. humilis)* und die Zwerg-Birke *(B. nana)* wachsen nur strauchförmig. **Standort:** In Eichenwäldern, Birken- und Erlenbrüchen, auf feuchten, sauren Sand-, Lehm- oder Moorböden; stellt keine hohen Ansprüche an den Nährstoffgehalt, verträgt auch Staunässe. Sehr widerstandsfähig in rauhem Klima. **Verbreitung:** Vom mitteleuropäischen Tiefland bis 2200 m Höhe weit verbreitet. Vgl. folgende Art.

Hänge-Birke
Betula pendula

oben rechts Laub, unten links männl. und weibl. Kätzchen
Mitte rechts Fruchtkätzchen, unten rechts Rinde

Bis 20 m; April-Mai. **Merkmale:** Ein sommergrüner Baum mit im Alter peitschenartig überhängenden Zweigen und lockerer Krone. Die Rinde junger Bäume ist glatt, weiß und läßt sich in dünnen Blättern abziehen; die Borke älterer Bäume weist tiefe, längsrissige schwarze Furchen auf. Blatt: Rautenförmig, spitz zulaufend und 4–7 cm lang; doppelt gesägter Blattrand. Blüte: Die männlichen und nicht besonders auffallenden weiblichen Blüten kommen gemeinsam auf einem Baum vor (einhäusig). Die hängenden männlichen Kätzchen bilden sich bereits im Sommer des Vorjahres und überwintern nackt; sie werden in der Blütezeit bis 10 cm lang. Die kleineren weiblichen Kätzchen stehen erst aufrecht und hängen in der Reifezeit ebenfalls. Frucht: Die kleinen Nußfrüchte (3 mm) enthalten 1 Samen, sind seitlich dünnhäutig geflügelt und werden in Massen vom Wind verbreitet; Reifezeit im August/September. Ähnliche Arten: Moor-Birke. **Standort:** Die Hänge-Birke ist sehr lichtbedürftig und braucht viel Wasser, stellt sonst aber an Klima und Boden keine großen Ansprüche und kommt noch mit armen, sandigen Böden zurecht. Die »Sand«-Birke besiedelt aber auch Moore. Sie wächst in Laub-, Nadel- und Mischwäldern und bildet auch Reinbestände. **Verbreitung:** In Europa weit verbreitet, außer im hohen Norden und in den südlichen Gebieten des Mittelmeers.

Ein schnell wachsender Baum, der durchschnittlich 120 Jahre alt wird. Das Wurzelwerk bindet den Boden gut, und das Laub wirkt bodenverbessernd. Als Pioniergehölz sind daher beide Birken von großer Bedeutung. Gegen Abgase sind sie ziemlich unempfindlich. Das feste, zähe und biegsame Holz wird wegen seiner schönen Maserung in der Möbelindustrie gern verwendet. Auch Heilmittel mit fiebersenkender oder harntreibender Wirkung.

Grün-Erle
Alnus viridis

oben Laub, unten links männliche und weibliche Kätzchen
unten rechts Fruchtstände und junge männlichen Kätzchen

1–3 m; April-Mai. **Merkmale:** Ein aufrechter, im Hochgebirge auch niederliegender, reich verzweigter sommergrüner Strauch. Schnell wachsend, mit gutem Ausschlagvermögen. Die Rinde ist gräulich-braun, sie geht an der Stammbasis in eine schwarze Borke über. Das starke Wurzelwerk breitet sich in der Fläche aus; es verankert den Strauch fest im Boden, sogar auf sich bewegenden Geröllböden. Blatt: Die elliptischen Blätter (5–8 cm lang) mit 1–2 cm langem Stiel sind kurz zugespitzt (Grau-Erle lang bespitzt); leicht gewellter Blattrand einfach und doppelt gesägt. Oberseits dunkelgrün, mit deutlich sichtbaren Nervenlinien; unterseits mit Achselbärten. Blüte: Die männlichen und weiblichen Blütenkätzchen der einhäusigen Pflanzen stehen an einjährigen Zweigen und blühen zur Zeit des Laubaustriebes. (Die beiden anderen Erlen blühen vor dem Laubaustrieb an zweijährigen Zweigen.) Die männlichen Kätzchen (6 cm) werden bereits im Vorjahr gebildet und überwintern nackt, oft hängen 2–3 zusammen; die weiblichen werden den Winter über von den Knospen geschützt. Frucht: Kleine zapfenartige, nur wenig verholzte Fruchtstände in Eiform (10 × 3 mm); die kleinen Samen sind seitlich breit geflügelt. Die Reifezeit ist im Oktober/November. Ähnliche Arten: Grau- und Schwarz-Erle (S. 70 und S. 72).
Standort: Man findet die Grün-Erle an Bachufern, Waldrändern oder steilen Hängen. Sie liebt saure, sickerfeuchte Lehm-, Ton- oder Steinschuttböden; hoher Nährstoffgehalt ist für sie nicht ausschlaggebend. Bildet an der Waldgrenze im Hochgebirge (Knieholzzone) wie die Latsche oft Reinbestände. Im Gegensatz zur Latsche vermag sie auch noch rutschenden Gesteinsschutt zu besiedeln. Gegenüber Witterungseinflüssen ist sie äußerst unempfindlich.
Verbreitung: Kommt im europäischen Hochgebirge und in Mittelgebirgshochlagen vor; man findet sie in den Alpen hauptsächlich in der montanen und subalpinen Region.
Besonders im Gebirge ist die Grün-Erle ein unersetzlicher Bodenbefestiger, vor allem auf bewegten, wasserzügigen Böden, sowie Schutzgehölz auf lawinengefährdeten Hängen. Sie ist in der Lage, im Winter dicke Schneelagen auszuhalten. Auch im Tiefland zur Haldenbegrünung geeignet. Der Strauch wird nicht vom Wild verbissen.

Schwarz-Erle
Alnus glutinosa

oben Laub
unten links Zapfen, rechts Rinde

10–25 m; März-April. **Merkmale:** Ein reich verzweigter, sommergrüner Baum mit bis zum Wipfel durchgehendem Stamm, oft mehrstämmig; pyramidenförmige Krone. Die anfangs glatten, olivgrünen Zweige werden später glänzend braun. Großes Ausschlagvermögen bis zu einem Alter von etwa 60 Jahren. Anfangs glatte, später sehr dunkle, bis ins Schwärzliche gehende Borke (Name!) mit längsrissigen Feldern. Kräftiges Wurzelwerk, stark verzweigt und tief in den Boden eindringend. Die Wurzeln leben in Symbiose mit einem Pilz der atmosphärischen Stickstoff bindet. (Man findet diese Eigenschaft sonst fast nur bei Schmetterlingsblütlern.) Blatt: Rundlich bis verkehrt-eiförmig, im Gegensatz zu den anderen Erlen an der Spitze gerundet bis deutlich eingebuchtet; einfach gezähnter Rand. Die Blätter bleiben im Herbst besonders lange grün. Blüte: Die männlichen und weiblichen Kätzchen der einhäusigen Bäume erscheinen noch vor den Blättern. Die 6–12 cm langen männlichen Kätzen – oft hängen 2–5 zusammen – werden bereits im Vorjahr ausgebildet und überwintern nackt; die weiblichen Blütenstände sind nur 3–4 mm groß. Frucht: In den ovalen, verholzten Zapfen (15–18 mm lang) werden die nur schmal geflügelten Samen im September/Oktober reif. Verbreitung der oft erst im Frühjahr aus den Zapfen segelnden Samen durch Wind und Wasser. Ähnliche Arten: Grün- (S. 68) und Grau-Erle (S. 72).
Standort: Die Schwarz-Erle ist in Mitteleuropa der typische Bachbegleiter. Landschaftsprägend wirkt sie auch im Freistand auf Flachmooren. Im übrigen kommt sie in Auwäldern und in Bruchwäldern gemischt oder in kleineren Reinbeständen vor. Sie bevorzugt tiefgründige, saure Ton-, Lehm- oder Kiesböden, die auch zeitweise überflutet sein dürfen oder auch Staunässe aufweisen. Der Boden muß basen- und sehr nährstoffreich sein. Auf sehr nasse Standorte wird die Art wegen ihrer Konkurrenzschwäche abgedrängt.
Verbreitung: In Europa weit verbreitet; im Tiefland Mitteleuropas ebenso zu finden wie in den Alpen bis in Höhenlagen von 1200 m.
Im Durchschnitt werden Schwarz-Erlen etwa 100 Jahre alt; durch wiederholtes »Auf-den-Stock-setzen« kann man die Lebensdauer verlängern. Die Art zählt zu den wichtigsten Bodenschutzgehölzen am fließenden Wasser. Ihr Laub verwittert schnell und verbessert den Boden. Hervorragender Erstbegrüner extremer Standorte und wertvolle Ammenpflanze für Aufforstungen auf freier Flur. Gegen Abgase unempfindlich, aber verbißgefährdet. Das Holz ist im frischen Schnitt orangerot (daher auch Roterle), weich und leicht; es erfreut sich daher bei Schnitzern oder Drechslern großer Beliebtheit. Es hält sich unter Wasser nahezu unbegrenzt und eignet sich dadurch sehr gut als Holz für Wasserbauten; an der Luft verrottet es hingegen rasch. Blätter, Rinde und Früchte werden zur Behandlung von Hals- und Mandelentzündungen verarbeitet; frisch zerquetschte Blätter als Auflagen sollen Geschwüre heilen. Die Samen aller Erlen werden von Zeisigen (»Erlenzeisig«) und vielen anderen Vögeln sehr geschätzt.

Grau-Erle
Alnus incana

oben Laub
unten links männliche Kätzchen, rechts Rinde

10–25 m; März-April. **Merkmale:** Sommergrüner, oft mehrstämmiger und reich verzweigter Baum oder Strauch mit bis in den Wipfel durchgehendem Stamm. Besonders dicht belaubte, spitz zulaufende Krone. Bedeutendes Ausschlagvermögen. Weißgraue, glatte Rinde (Name!), die auch bei alten Bäumen keine Borke bildet. Wurzelt flach, aber ausgebreitet. Die Wurzeln leben mit stickstoffanreichernden Knöllchenbakterien in Symbiose. Blatt: Elliptische bis fast runde Form, lang spitz zulaufend (Grün-Erle kurz), mit doppelt gesägtem Blattrand; an der Oberseite dunkelgrün und glatt; junge Blätter unterseits zart behaart und dadurch graugrün. 8–10 Nervenpaare sind deutlich sichtbar. Blüte: Die einhäusigen Pflanzen blühen noch vor dem Laubaustrieb. Die hängenden, männlichen Blütenkätzchen werden bis zu 10 cm lang, die weiblichen Blütenstände sind nur 3–5 mm groß. Frucht: Eiförmige, verholzte Zapfen (15 × 10 mm), oft zu 4–8 beisammen; die nur schmal geflügelte kleine Nußfrucht wird im September/Oktober reif. Ähnliche Arten: Grün- und Schwarz-Erle (S. 68 und S. 70).

Standort: Oft in Auwäldern in der Nähe von Gewässern zu finden, auch an feuchten Hängen. Bevorzugt Standorte mit kalkhaltigen Kiesböden, die basenreich, gut durchlüftet und ausreichend nährstoffversorgt sind; ist auch auf Ton- oder Schotterböden heimisch. Anspruchslos gegenüber klimatischen Bedingungen, aber lichtliebend.

Verbreitung: Wächst in Europa hauptsächlich im Norden, Osten und in Mitteleuropa; die südliche Verbreitung erstreckt sich bis zu den Seealpen, zur Balkan-Halbinsel und bis in den nördlichen Apennin hinein. In den Alpen bis in 1600 m Höhe zu finden.

Ein besonders rasch wachsendes Gehölz; die Blühreife setzt schon nach einigen Jahren ein. Die Altersgrenze liegt bei etwa 50 Jahren. Geeigneter Bodenbefestiger an rutschgefährdeten und wasserzügigen Hängen. Wegen ihrer starken Wurzelbrut ist die Grau-Erle ein hervorragendes Pionier- und Vorwaldgehölz, das auch zur Begrünung extremer Standorte, wie Kies-, Schutt- und Schlackenhalden, geeignet ist. Als natürliches Ufergehölz schützt sie mit ihrem dichten Wurzelnetz vor Bacherosion. Unempfindlich gegenüber Wildverbiß und Abgasen. Leichtes, nicht besonders wertvolles Holz. Die Samen werden von den Vögeln als Nahrung genutzt.

Rotbuche oben links Laub, rechts männliche Blütenstände und 1 weiblicher
Fagus silvatica unten links Früchte, rechts Rinde

25–30 m; April-Mai. **Merkmale:** Sommergrüner, reich verzweigter Baum mit weit ausladender, dichter, hochgewölbter Krone; meist gerade wachsender, langer Stamm. Bei sehr alten Bäumen kann der Stamm bis über 1 m dick werden. Die fein behaarten jungen Zweige erscheinen grau bis rötlich-braun. Dünne, glatte Rinde, silbrig-grau. Das Wurzelsystem erschließt den Oberboden intensiv. Blatt: Zweizeilige Anordnung der weichen, breit-elliptischen Blätter (bis 10 × 7 cm), mit deutlicher Aderung; in der Jugend fein behaart, später glänzend glatt; der zarte Flaum unterseits bleibt auch bei älteren Blättern erhalten. Der Blattrand ist nur schwach gezähnelt. Blüte: An den jungen Trieben hängen die ziemlich unscheinbaren männlichen und stehen die weiblichen Blütenstände (einhäusig). Die männliche Blüte besteht aus einer 5–6teiligen Blütenhülle mit 4–15 Staubblättern; der Blütenstand ist rundlich und hängt an einem etwa 2 cm langen Stiel. Der weibliche Blütenstand besteht nur aus 2 Einzelblüten und wird von einem Fruchtbecher umhüllt, der später verholzt. Frucht: Die sogenannte Buchecker ist eine 1samige, kantige, etwa 2 cm große Nuß, die im September/Oktober reift. Vor der Reife wird sie von einer sich in 4 Klappen öffnenden holzigen Hülle umgeben. Ähnliche Arten: Keine unmittelbaren.
Standort: Bevorzugt werden mittelgründige, lockere Lehmböden. Die Buche liebt im Sommer feuchtes, im Winter nicht zu rauhes Klima. Sie ist empfindlich gegen hohen Grundwasserstand und Staunässe sowie gegen Trockenheit und Hitze. Sie kann in Mitteleuropa große Reinbestände bilden (nicht nur forstlich bedingt), tritt aber von Natur aus eher in Mischwäldern mit Tannen, Fichten, Eichen und anderen Laubgehölzen auf (vgl. Einführung).
Verbreitung: Die Rotbuche ist in Europa sowohl in der Ebene (bis an die Küste) als auch im Hügel- und Bergland heimisch und dadurch sehr verbreitet. Im Süden gedeiht sie hauptsächlich in den Gebirgslagen; in den Alpen geht sie bis in Höhen von 1600 m, ist manchmal sogar an der Waldgrenze zu finden.
Die Buche erreicht ein Durchschnittsalter von ungefähr 150 Jahren, kann aber auch viel älter werden. In der Jugend leidet sie unter Wildverbiß und gedeiht nur unter dem Schirm älterer Bäume. Sie verträgt dann viel Schatten, was ihr einen Konkurrenzvorteil gegenüber anderen Baumarten verschafft. Als ausgewachsener Baum verdrängt die Buche mit ihrem dichten Schatten fast alle anderen Arten. Besonders auf basischen Böden wirkt ihr Laub bodenverbessernd. An der Küste und im Gebirge zeigt die Buche ihre große Kampfkraft. Sie ist allerdings gegen Abgase empfindlich und in der Jugend verbißgefährdet. Die Rotbuche (so benannt nach ihrem rötlichen Holz) zählt bei uns zu den häufigsten und wichtigsten Laubhölzern. Ihr Holz ist hart, fest und sehr schwer; es wird in der Möbelschreinerei verwendet, zu Parkett verarbeitet und hat außerdem einen hohen Brennwert. Verbreitung der ölhaltigen Früchte vor allem durch Eichhörnchen, Eichelhäher oder Tauben. Gereinigtes Bucheckernöl schmeckt nußartig und dient der menschlichen Ernährung.

Edelkastanie, Eßkastanie
Castanea sativa

oben Laub
unten links männliche Blütenstände, rechts Früchte

Bis 30 m; Juni-Juli. **Merkmale:** Ein sommergrüner Baum mit weit ausladender Krone und kräftigen Ästen; der Stamm ist kurz und dick. Starkes Ausschlagvermögen, das tief am Wurzelstock oder dicht unter der Erdoberfläche beginnt. Längsrissige, graubraune Borke am Stamm. Erst wird eine Pfahlwurzel gebildet, danach starke Seitenwurzeln; dadurch ist der Baum ziemlich sturmfest. Blatt: Länglich-lanzettliche, spitz zulaufende Blätter (15–30 cm lang) mit 2–3 cm langem Stiel; spitz gezähnter Blattrand; dunkelgrüne, glänzende Oberseite mit deutlich sichtbaren Blattnerven; unterseits heller. Die Blätter verfärben sich im Herbst gelb. Blüte: Männliche und weibliche Blüten (einhäusig) in 15–20 cm langen, recht auffälligen Blütenständen. Vor allem die männlichen Blütenbüschel heben sich mit ihren langstieligen weiß-grünlichen Staubblättern vom Laub ab; bis zu 3 weibliche Blüten werden an der Basis des Blütenstandes von einem Fruchtbecher umgeben. Frucht: Ein kugeliger, langstacheliger Fruchtbehälter umschließt bis zu 3 der bekannten nußartigen Früchte (Maronen), die von einer ledrigen braunen Haut umgeben sind. Der 4klappige Fruchtbehälter öffnet sich im Oktober, wenn die Kastanien reif sind. Ähnliche Arten: Gelegentlich werden andere Arten der Gattung *Castanea* als Ziergehölze gepflanzt.
Standort: Die Eßkastanie gedeiht nur in Gegenden mit mildem Winterklima und großer Wärme im Sommer. Sie bevorzugt basenreiche, mittel- bis tiefgründige Silikatböden und gedeiht gut auf sandigem Lehmuntergrund mit guter Nährstoffversorgung. Extreme Abneigung gegenüber kalkhaltigen Böden. In den Mittelmeerländern findet man oft reine Kastanienwälder, sonst kommt die Art in lichten Laubmischwäldern vor.
Verbreitung: Im gesamten südeuropäischen Raum häufig; bei uns nur vereinzelt, hauptsächlich im Gebiet von Ober- und Mittelrhein oder in der Pfalz, also in Regionen mit mildem und luftfeuchtem Klima.
Die Eßkastanie blüht mit 20–25 Jahren zum ersten Mal, sie erreicht ein Alter von etwa 500 Jahren. Im Weinbauklima kann sie zur Begrünung sonniger Hänge eingesetzt werden. Das Holz wird zum Schiffsbau verwendet, es ist unter Wasser sehr haltbar. Rinde und Holz sind reich an Gerbstoffen. Maronen sind in den Mittelmeerländern ein wichtiges Nahrungsmittel, sie enthalten etwa 2,5 % Fett und 43 % Stärke. Verbreitung der Früchte durch Eichhörnchen, Siebenschläfer, Häher oder Krähen. Die getrockneten Blätter helfen bei der Heilung von Keuchhusten.

Stiel-Eiche
Quercus robur

oben junges Laub
unten links männliche Blütenstände, rechts Früchte

30–40 (50) m; April-Mai. **Merkmale:** Ein sommergrüner Baum mit starken Ästen und dichter, breit ausladender Krone. Der Stamm ist relativ kurz und verzweigt sich schon rasch nach dem Astansatz; er kann bis zu 2 m dick werden. Die knorrige, tief gefurchte, dicke Borke ist dunkelgrau. Sturmfest durch tiefe und intensive Durchwurzelung des Bodens; Pfahl- und Herzwurzeln. Stiel-Eichen können 500–800 Jahre alt werden. Blatt: Verkehrt-eiförmige, rundlich gelappte (3–6 Lappen) Blätter (10–15 cm lang), sehr kurz gestielt. (Der Name bezieht sich auf die lang gestielten Früchte.) Glänzend grün auf der Oberseite; unten heller, mit behaarten Blattadern. Blüte: Männliche und weibliche Blütenstände der einhäusigen Pflanze stehen meist dicht beisammen. Die männlichen, büschelig in gelblich-grünen, 2–4 cm langen Kätzchen vereinten Blüten sitzen am Grunde von Jungtrieben. Die weiblichen Blüten erscheinen in bis zu 3blütigen langstieligen Ähren am Ende der Triebe. Frucht: 2–3,5 cm große Eicheln, die bis zum unteren Drittel in einer Fruchtkappe sitzen; sie reifen im September/Oktober. Meist hängen mehrere Früchte an einem 5–12 cm langen Stiel (Name!). Ähnliche Arten: Neben den beiden hier behandelten Arten gedeiht im Weinklima bei uns noch die Flaum-Eiche *(Q. pubescens);* als Zierbäume werden verwendet die südosteuropäische Zerr-Eiche *(Q. cerris)* und die nordamerikanische Sumpf-Eiche *(Q. palustris);* auch forstlich wird die Rot-Eiche *(Q. rubra)* gepflanzt. Die mediterranen Hartlaub-Eichen haben keine Ähnlichkeit mit diesen Arten.
Standort: Tiefgründige und feuchte Lehm- oder Sandböden mit hohem Nährstoffgehalt. Besonders in Auen in sommerwarmer Klimalage. Verträgt größere Temperatur- und Feuchtigkeitsextreme als die Trauben-Eiche. Die Stiel-Eiche stellt aber hohe Ansprüche an die Helligkeit. Sie bildet (forstliche) Reinbestände oder kommt in Laubmischwäldern vor.
Verbreitung: In Mitteleuropa vom Tiefland bis in Höhenlagen von 1000 m; deutlich weiter verbreitet als die Trauben-Eiche.
Stiel-Eichen eignen sich zur Ufer- und Spülsandbepflanzung, wenn man ihnen als Jungwuchs Begleitgehölze, wie die Pappel, beigibt. Als Sturmbrecher an der Küste eignen sie sich ebenso wie als Nachbar landwirtschaftlicher Kulturen. Das Holz der Stiel-Eiche ist sehr fest, aber trotzdem gut zu verarbeiten und deshalb besonders wertvoll. Verwendung im Schiffsbau, als Bauholz, bei der Möbelherstellung, als Parkett usw. Verbreitung der Früchte durch Eichhörnchen, Häher. Eicheln werden vor allem vom Rotwild als Nahrung angenommen. Die Eicheln enthalten Bitterstoffe und sind dadurch für Menschen nicht genießbar. Die Rinde ist gerbstoffreich (Gerberrinde). Pollen- (Mai) und Blatthoniglieferant (Ende Juni) für Bienen.

Trauben-Eiche
Quercus petraea

oben Laub
unten links Früchte, rechts Rinde

20–40 m; April-Mai. **Merkmale:** Ein sommergrüner Baum mit breiter, regelmäßig gewachsener Krone und einem bis in den Wipfel durchgehenden Stamm. Starkes Stockausschlagsvermögen. Längsrippige, graubraune Borke. Kräftiges Wurzelsystem, das kalkreichen Unterboden gut aufschließt. Batt: Oval, 5–7fach gelappt, mit 2–5 cm langem Stiel; oberseits dunkelgrün, unterseits graugrün; behaarte, deutlich sichtbare Blattadern und rostfarbene Achselbärtchen. Blüte: Männliche und weibliche Blütenstände auf einer Pflanze (einhäusig). Die gelblichen, bis zu 6 cm langen männlichen Kätzchen befinden sich an der Basis der jungen Triebe, 1–5 weibliche Blüten an deren Spitze. Frucht: Die Eicheln sitzen bis zum unteren Viertel in einem Fruchtbecher und stehen zu mehreren (traubenförmig – Name!) an kurzen (!) Stielen; Reifezeit September/Oktober. Ähnliche Arten: Siehe Stiel-Eiche (S. 78).
Standort: Auf mittelgründigen, leichteren und warmen Böden, z. B. sauren Sandböden, kommt sie mit geringen Nährstoffen aus. Auf Kalkböden wird sie von der Buche verdrängt. Scheut Grundwasser und Staunässe. Schätzt wintermilde, luftfeuchte Klimalagen. Ein Baum des Hügellands und der tieferen Gebirgslagen. Kommt oft in Reinbeständen vor (z. B. im Spessart); bildet auch Gemeinschaften zusammen mit der Stiel-Eiche, Hainbuche oder Buche.
Verbreitung: In Mitteleuropa nicht so weit verbreitet wie die Stiel-Eiche; fehlt weithin im nordwestdeutschen Tiefland und im Alpenvorland.
Die Trauben-Eiche hat eine Alterserwartung von 500–800 Jahren. Sie hat in der Forstwirtschaft große Bedeutung. Als Hartholz muß sie jung gepflanzt oder ausgesät werden; ein Schattenschirm von Erlen oder Pappeln ist förderlich. Beide Eichen-Arten sind gegen Abgase wenig empfindlich, in der Jugend aber verbißgefährdet. Das Holz ist sehr wertvoll; qualitätsmäßig ist es mit dem der Stiel-Eiche zu vergleichen, es ist aber leichter zu bearbeiten. Man stellt daraus Furniere oder Weinfässer her. Eicheln und getrocknete Rinde werden zu Drogen verarbeitet, die bei Durchfall oder Ausschlag angewendet werden. Liefert Pollen und Blatthonig.

Feld-Ulme
Ulmus minor

RL 2; oben Laub
unten links Blüten, rechts Früchte

Bis 40 m; März-April. **Merkmale:** Ein sommergrüner Baum mit rundlicher Krone. Die am Anfang behaarten jungen Zweige sind olivgrün bis rotbraun. Enormes Jugendwachstum und starker Stockausschlag. Gräulich-braune Rinde; die Borke ist längsrissig-schuppig und sehr dick. Das dichte Wurzelsystem dringt tief in den Boden ein: Pfahlwurzel mit Herz- und Seitenwurzeln; bildet viel Wurzelbrut. <u>Blatt:</u> Eiförmige, dunkelgrüne, glatte Blätter (5–12 cm lang), kurz zugespitzt, an der Basis stark asymmetrisch, bis 1,5 cm lang gestielt. Einfach bis doppelt gesägter Blattrand; unterseits nur in den Nervenwinkeln (Flatter-Ulme ganz) behaart. <u>Blüte:</u> Die ungestielten Zwitterblüten erscheinen in Büscheln von 15–30 längst vor dem Blattaustrieb; die langen Staubblätter mit rötlich-braunen Staubbeuteln überragen die unscheinbare Blütenhülle und die Narben; Fruchtknoten oberständig. <u>Frucht:</u> Breit geflügelte, verkehr-eiförmige Nüßchen (13–20 mm), die im Mai/Juni reif werden; die Samen sitzen im oberen Teil der Früchte. Die sehr ähnliche <u>Flatter-Ulme</u> *(Ulmus laevis)* unterscheidet sich durch behaarte Blattunterseiten, gestielte Blüten und am Rand bewimperte Früchte. <u>Ähnliche Arten:</u> Berg- (S. 84) und Flatter-Ulme.

Standort: Die Feld-Ulme ist sehr anspruchsvoll und bevorzugt die nährstoffreichen, lockeren und tiefgründigen Lehm- oder Tonböden der Auen mit wechselfeuchtem Untergrund; häufiger Bewohner großer Flußtäler; sehr wärmebedürftig. Im Hügelland bei ausreichender Kalkversorgung auch auf warmen, trockenen Hängen.

Verbreitung: In ganz Europa mit Ausnahme von Skandinavien verbreitet, bis in Höhenlagen von etwa 600 m zu finden. In Deutschland aber recht lückenhaft.

Die Feld-Ulme wächst sehr schnell und kann ein Alter bis zu 400 Jahren erreichen. Als Halbschattengehölz kann sie zur Unterpflanzung und für weniger gut belichtete Standorte verwendet werden. Gegen chronische Abgasbelastungen und Grundwasserabsenkungen ist die Feld-Ulme empfindlich. Sie ist seit Jahrzehnten vom allgemeinen Ulmensterben bedroht, eine Pilzkrankheit, die durch den Ulmensplintkäfer übertragen wird. Das schwere, harte <u>Holz</u> der Feld-Ulme zählt zu den Edelhölzern; es findet Verwendung als Bauholz, bei Wasserbauten oder in der Möbelschreinerei: Das rötliche, fein gemaserte Rüsterholz wird massiv oder als Furnier verwendet. Ulmenholz hat zudem einen hohen Brennwert. Zur Drogenherstellung gegen Rheuma und Gicht verarbeitet man Ulmenbast. Die Bäume liefern schon im März ersten Pollen.

Berg-Ulme
Ulmus glabra

oben Laub
unten links unreife Früchte, rechts Rinde

30–40 m; März-April. **Merkmale:** Ein sehr hoher, sommergrüner Baum mit runder Krone. Der Stamm verzweigt sich oft in 2–3 Hauptstämme. Die steifen, olivgrünen bis rötlich-braunen jungen Zweige sind bis zum 3. Jahr grob behaart. Kräftiger Stockausschlag. An feuchten Standorten sind Stamm und Äste oft dicht mit Flechten oder Moosen bewachsen. Die Rinde alter Bäume ist grau, die Borke graubraun, mit längsrippigen Rissen. Dichtes, tief in den Boden eindringendes Wurzelsystem; die Pfahlwurzel bildet Herz- und Seitenwurzeln; keine Wurzelbrut. Blatt: Die rundlichen Blätter sind (im Gegensatz zu den anderen Ulmen) mehrfach zugespitzt; ihre Basis ist nicht so ausgeprägt unsymmetrisch (vgl. vorige Art). Die Oberseite ist dunkelgrün und ziemlich rauh, die hellere Unterseite ist an den Adern fein behaart. Blüte: Die purpurroten Zwitterblüten erscheinen lange vor den Blättern in Form von kleinen Trugdolden. Die 4–5 Staubblätter überragen die Blütenhülle. Frucht: Die 15–20 mm großen, geflügelten Nüßchen reifen im Mai/Juni; die Samen sitzen in der Mitte der Früchte. Ähnliche Arten: Feld- (S. 82) und Flatter-Ulme.
Standort: Die Berg-Ulme stellt hohe Ansprüche an den Nährstoffgehalt des Bodens und braucht genügend Luftfeuchte. Tiefgründige, lockere Lehm-, Ton- oder Steinböden werden bevorzugt. Sie verträgt erheblich kälteres Klima als die Feld-Ulme und stellt an die Lichtmenge geringere Ansprüche (Halbschattengehölz). In Schlucht- und Hangwäldern ist sie zu Hause; wird auch als Alleebaum angepflanzt.
Verbreitung: In den meisten Teilen Europas zu finden, nur in England wesentlich seltener, fehlt in Südspanien. Bei uns im mitteldeutschen Bergland und in den Alpen bis 1300 m; weiter verbreitet als Feld- und Flatter-Ulme.
Die Berg-Ulme wächst sehr schnell; sie blüht etwa mit 20 Jahren zum ersten Mal und erreicht ein Alter von etwa 400 Jahren; ihr Stamm kann dann bis zu 2 m dick werden. Sie eignet sich gut für Windschutzpflanzungen und als Ufergehölz an schnell fließenden Gewässern. Das Holz ist wesentlich lockerer als das der Feld-Ulme, es besitzt daher auch einen geringeren Gebrauchswert (Weißrüster). Die Ulme liefert schon im März den ersten Pollen zur Ernährung der Bienen.

Gewöhnliche Waldrebe
Clematis vitalba

oben Laub
Mitte Blüten, unten Fruchtstände

Bis 30 m; Juni-September. **Merkmale:** Ein sommergrüner, lianenartiger Kletterstrauch, der sich sehr schnell ausdehnt und in Kürze große Flächen begrünen kann. Die jungen grünen Triebe werden später braun und hohl. Ältere Zweige werden bis zu 3 cm dick; ihre graubraune Borke löst sich in langen Streifen ab. Blatt: Unpaarig gefiederte, gegenständig angeordnete Blätter mit 4–6 cm langen Stielen; die eiförmig-lanzettlichen Fiedern sind meist ganzrandig oder grob gesägt, selten auch gelappt. Blüte: Rispenartige, zwittrige Blütenstände mit langen Stielen, blattachselständig. Die zahlreichen, weißen Staubblätter sind von 4 zarten, gelblich-weißen Blütenblättern umgeben. Frucht: Der Griffel entwickelt sich zu einem behaarten Flugorgan. Reifezeit im Oktober; die Früchte bleiben aber den Winter über an der Pflanze und werden erst im Frühjahr durch den Wind verbreitet. Ähnliche Arten: Die Alpen-Waldrebe *(C. alpina)* hat blaue Blüten.
Standort: Hauptsächlich in Auen und Niederungen an feuchten, schattigen Plätzen. Die Waldrebe verträgt nicht allzu intensive Bestrahlung und gedeiht am besten an Waldrändern und in Waldverlichtungen auf humosen und basenreichen Böden mit hohem Mineralstoffgehalt (Stickstoffanzeiger). Als Rohbodenkeimer ist sie Pionierpflanze (z. B. an Bahndämmen).
Verbreitung: Die Waldrebe ist in Mitteleuropa verbreitet, fehlt jedoch im Norddeutschen Tiefland weithin und erreicht im Harz die Nordwestgrenze ihrer Verbreitung; im Bergland geht sie bis in Höhenlagen von 1500 m.
Im Landschaftsbau kann die Waldrebe als Erstbegrüner und Bodenfestiger eingesetzt werden. Alle Teile, besonders die Blüten der Waldrebe sind giftig. Frische Blätter werden in der Naturheilkunde äußerlich bei Beingeschwüren oder innerlich bei Migräne angewandt. Unsere Garten-Clematis stammt von der blau blühenden Alpen-Waldrebe ab.

Berberitze
Berberis vulgaris

oben Laub
Mitte Blüten, unten Früchte

Bis 3 m; April-Juni. **Merkmale:** Ein aufrecht wachsender, sehr dorniger, sommergrüner Strauch. Er zählt zu den Sauerdorngewächsen. Der Strauch bildet Lang- und Kurztriebe aus. Die jungen Triebe sind hellbraun und ziemlich kantig. Blatt: Kleine, verkehrt-eiförmige, glatte Blätter (1,5–4 cm lang) mit sehr kurzem Stiel und unregelmäßig gezähntem Rand. Sie sind an den Langtrieben zu 1–2 cm langen Dornen umgewandelt, an den Kurztrieben (in den Achseln der Dornen) meist rosettenartig angeordnet. Blüte: Die kleinen, gelben, 6zähligen Blüten (5–7 mm lang) mit Stiel und oberständigem Fruchtknoten sind zu etwa 2 cm langen Trauben zusammengefaßt. Frucht: Eine kleine, längliche und leuchtend rote Beere (8–10 mm lang); sie ist sehr sauer und saftreich und enthält 1–3 Samen. Mehrere Beeren hängen in einem Büschel beisammen. Die Früchte reifen im August/September. Ähnliche Arten: In Gärten gepflanzt (oft rotblättrig) *B. thunbergi* und die wintergrüne *B. verruculosa*.

Standort: Der Untergrund sollte nährstoff- und basenreich sowie tiefgründig sein. Der Strauch wächst an Waldrändern, auf Weiden, in hellen Eichen- oder Kiefernwäldern sowie im Saum sommerwarmer Gebüsche. Man sieht die Berberitze oft als Heckenpflanze.

Verbreitung: Zerstreut in Kalkgebieten Mitteleuropas; im Norddeutschen Tiefland nur angepflanzt und verwildert. Bis in Höhenlagen von 1800 m.

Berberitzen eignen sich für Anpflanzungen an Straßenböschungen sowie als Unterholz lichter Baumbestände. Die Staubblätter der Berberitze sind reizbar und krümmen sich bei Berührung. Die Früchte sind eßbar und können für Gelees und Säfte verwendet werden; sie sind reich an Vitamin C und enthalten Fruchtsäuren (Sauerdorn). Als Zwischenwirt des Getreiderostes versuchte man die Berberitze gebietsweise auszurotten. Verbreitung der Samen durch Vögel. Früher hat man Rinde und Wurzel der Berberitze, die Berberidin enthalten, zum Gelbfärben von Wolle und Leder verwendet. Das Berberidin wirkt außerdem anregend auf die Darmperistaltik und beeinflußt das Atemzentrum. In den Gärten wird vielfach eine Form mit rotem Laub verwendet – auch als niedrige Schnitthecke.

Ahornblättrige Platane
Platanus acerifolia

oben links Laub, rechts Blütenstände
unten links Fruchtstände, rechts Rinde

Bis 30 m; Mai. **Merkmale:** Ein hoher, sommergrüner Baum mit mächtiger, breiter Krone aus kräftigen Ästen. Die jungen Äste wirken anfangs wie mit braunem Filz überzogen, später werden sie glatt, glänzend olivgrün. Oft bis zur Spitze durchgehender Stamm mit großem Ausschlagvermögen. Typisch besonders für jüngere Bäume ist die jährlich in Platten abblätternde Rinde, so daß die hellgrüne Innenrinde sichtbar wird, und der Stamm dadurch gefleckt erscheint. Die gelblich-graue Borke alter Bäume ist fast gleichmäßig glatt, man sieht nur einige unregelmäßig verteilte Platten. Die Wurzeln dringen tief in den Boden vor und breiten sich relativ weit aus. Blatt: Die Platane besitzt große, 5lappige, ledrige Blätter (12–25 cm breit) mit herzförmiger Basis und buchtig gezähnten Rändern. Die Form der Blätter ist oft variabel. Oberseite glatt, mit deutlich sichtbaren Nervenlinien, unterseits behaarte Adern. Blüte: Die kleinen, unscheinbaren Blüten bilden größere (weibliche) und kleinere (männliche) kugelige Blütenstände, die meist gemischt zu 2–3 an einem Stiel hängen. Die männliche Blüte besitzt 3–4 Staubblätter, die weibliche 5–9 oberständige, freie Fruchtblätter mit langen, bis zur Fruchtreife bleibenden Griffeln. Die Blüten erscheinen gleichzeitig mit den Blättern. Frucht: Aus den Blüten werden 4kantige, behaarte Nüßchen in Keulenform, die in kugeligen Fruchtständen (3–4 cm Durchmesser) beisammenstehen; häufig hängen 2 Kugeln zusammen. Sie fallen erst im Spätwinter oder Frühjahr vom Baum; die Samennüßchen werden dann vom Wind verbreitet. Ähnliche Arten: Das Laub kann mit Ahorn-Laub verwechselt werden.

Standort: Die Platane gedeiht besonders gut auf gleichmäßig feuchten, lockeren Böden, die humusreich und tiefgründig sind. Als Baum des Südens ist sie wäremliebend und sehr lichtbedürftig. In ihrer Heimat findet man Platanen vor allem an geschützten, sonnigen Plätzen in Auen oder Flußtälern sowie als sehr geschätzten Alleebaum.

Verbreitung: Die Heimat der Platanen sind die subtropischen Gebiete des Abend- und Morgenlandes. Die Ahornblättrige Platane ist wahrscheinlich eine Kreuzung zwischen Abend- und Morgenländischer Platane *(P. occidentalis* und *P. orientalis)* und wird heute in weiten Teilen Mitteleuropas als Allee-, Stadt- und Gartenbaum angepflanzt.

Die Platane wächst sehr schnell. Als Straßenbaum ist sie bestens geeignet, da sie äußerst widerstandsfähig gegen Abgase sowie ein guter Schattenspender ist, der außerdem oberflächige Bodenverdichtung durch Fahrverkehr und Fußgänger verträgt. Die Bäume lassen sich auch fast beliebig beschneiden, was leider vielfach zu schlimmen Verstümmlungen führt. Ihr Holz ist zäh, hart und schwer. Die Verwendungsmöglichkeiten sind gering, da dieses Holz nicht besonders haltbar und außerdem noch schwer zu schneiden und zu spalten ist. Im Mai ist die Platane wichtiger Pollenlieferant.

Wild-Birne, Holz-Birne
Pyrus pyraster

oben Laub
unten links Blüten, rechts Früchte

15–20 m; April-Mai. **Merkmale:** Ein sommergrüner Baum mit lockerer, unregelmäßiger Krone. Die jungen, glänzend braunen, manchmal dornigen Zweige wachsen nach oben; sie breiten sich später mehr waagrecht aus. Die dicke Borke trägt kleine Schuppen, die bei älteren Bäumen leicht abbrechen. Blatt: Wechselständig angeordnete, eiförmige, spitz zulaufende Blätter (3–5 cm lang). Unterseits ist ein zartes Netznervensystem sichtbar. Nur die frischen Blätter sind beidseitig behaart; die älteren Blätter werden oberseits glänzend dunkelgrün, unterseits grau überzogen. Fein gesägter Blattrand. Im Herbst verfärben sich die Blätter auffallend gelb bis orangerot. Blüte: Mehrere der weißen, zwittrigen Blüten sind doldenartig zusammengefaßt, meist 3–9 Blüten an einem Stiel. Die schönen Blüten bestehen aus einer doppelten, 5zähligen Blütenhülle mit filzig behaartem Kelch sowie etwa 15–30 Staubblättern mit roten Staubbeuteln; die 5 Fruchtblätter sind mit dem Blütenbecher verwachsen, die Griffel bis zum Grund frei (im Gegensatz zur Apfelblüte). Frucht: Kleine gelbe, rundliche bis birnenförmige Früchte sitzen unter dem eingetrockneten Blütenkelch an einem 2–4 cm langen Stiel; meistens sind mehrere Früchte beisammen. Reife Früchte oft mit braunen Flecken. Reifezeit ist September/Oktober. Ähnliche Arten: Keine.
Standort: Die Wild-Birne gedeiht auf lehmigen oder steinigen, meist kalkhaltigen Böden mit hohem Nährstoffgehalt. Sie liebt sonnige Standorte und kommt hauptsächlich in Auen- oder Eichenmischwäldern vor, auch in Eichentrockenwäldern oder Felsgebüschen.
Verbreitung: Ebene bis mittlere Gebirgslagen (Alpen bis 900 m), vor allem in den Kalkgebieten. Im Norden und Nordwesten Deutschlands selten bis fehlend. Vielerorts selten geworden.
Der Baum wird 100–150 Jahre alt. Als frost- und krankheitsresistentes Gehölz, das Rohböden gut erschließt, sollte die Wild-Birne viel mehr in freier Flur und am Waldrand gepflanzt werden. Die Wild-Birne ist die Stammform der Kulturbirnen, bei denen viele, auch asiatische Wildformen eingekreuzt wurden. Bereits früh wurden Wild-Birnen zur Herstellung von Most und Kompott verwendet. Das Holz ist schwer und hart, gut polierbar und auch im Freien dauerhaft. Es wird oder wurde zu Meßinstrumenten, Druckstöcken, Fruchtpressen und dergleichen verarbeitet, außerdem als Ebenholzersatz verwendet, da es sich wie kaum ein anderes schwarz beizen läßt.

Holz-Apfel
Malus sylvestris

oben links Laub, rechts Blüten
unten links Früchte, rechts Rinde

Bis 10 m; April-Mai. **Merkmale:** Ein sommergrüner Baum mit dichter Krone, der manchmal auch strauchartig-mehrstämmig wächst. Die nichtblühenden Seitentriebe enden oft in Dornen. Die graubraune Borke ist längsrissig-schuppig. Flache Ausdehnung des Wurzelwerkes, das zur Bildung von Wurzelbrut neigt. Blatt: Wechselständig sitzende, eiförmig-runde Blätter (bis 9 × 5 cm) mit kerbig gesägtem Rand, in der Jugend dünn behaart; ältere Blätter werden an der Oberseite glänzend dunkelgrün, mit deutlicher Blattnervenzeichnung, die Unterseite bleibt an den Adern behaart. Blüte: Die schönen Blüten stehen in wenigblütigen Doldentrauben zusammen. Die 5zählige, doppelte Blütenhülle besteht aus kleinen Kelchblättern und stattlichen, rosaweißen, eiförmigen Kronblättern, die sich vor der Blüte als dunkelrosa Knospe zeigen. 20–50 Staubblätter mit gelben Staubbeuteln. 5 Fruchtblätter, deren Griffel am Grunde verwachsen sind (vgl. Birne). Frucht: Kugelige, holzige Früchte (2,5–3 cm), gelbgrün, manchmal mit rot überhauchter Backe. Sie bestehen aus dem fleischig entwickelten Blüten-/Fruchtbecher, der sich um die pergamentartigen Fruchtblätter mit den dunkelbraunen Samen (Kerngehäuse) schließt. Diese mehrsamigen Früchte reifen erst im September/Oktober. Ähnliche Arten: Keine.
Standort: Der Wild-Apfel gedeiht auf frischen, kalkhaltigen, nährstoffreichen Böden mit alkalischer Bodenreaktion. Bevorzugt wird luftfeuchtes Klima. Wächst an Waldrändern oder in Gebüschen auf tiefgründigen Böden. Die Pflanze braucht viel Licht, verträgt aber auch leicht schattige Plätze.
Verbreitung: In Europa bis Mittelskandinavien; im Süden vor allem in Gebirgen. In Mitteleuropa zerstreut vom Tiefland bis 1100 m Höhe in den Alpen.
Der Holz-Apfel wächst ziemlich langsam. Als widerstandfähiges Gehölz sollte man ihn vermehrt zur Bepflanzung von Straßenböschungen und Waldrändern einsetzen. Wohl wichtigste Ausgangsform für den Kulturapfel, dessen Kultur bereits in der Jüngeren Steinzeit begann. Im Gegensatz zur Wildform treten beim Kulturapfel keine Dornen mehr auf. Das Holz ist hart und schwer und wird als Tischler- und Drechslerholz verwendet. Aus der Rinde kann man gelben Farbstoff gewinnen. Reife Früchte eignen sich zur Herstellung von Gelee, sie haben einen hohen Vitamin-C-Gehalt und 12–13 % Zucker. Heilkundlich werden sie bei Paratyphus, Ruhr und Darmkatarrh eingesetzt; ein Teeaufguß aus Fruchtschalen senkt Fieber.

Eberesche, Vogelbeerbaum
Sorbus aucuparia

oben Blüten
unten Früchte

5–15 m; Mai-Juni. **Merkmale:** Die sommergrüne Eberesche wächst als Baum oder großer Strauch. Sie bildet eine lichte Krone aus. Die olivgrüne bis graue Rinde junger Zweige ist weich behaart. Die scharzgraue Rinde bleibt lange glatt; sie wird erst im späten Alter längsrissig, entwickelt aber nie die grobe Borke des sonst sehr ähnlichen Speierlings (vgl. folgende Art). Tiefreichendes und weit ausgebreitetes Wurzelwerk (Herzwurzeln); Wurzelbrutbildner. Starker Stockausschlag. Blatt: 12–15 cm lange, unpaarig gefiederte Blätter (11–15 Fiedern) stehen wechselständig an den Zweigen. Die Fiedern sind lanzettförmig, dunkelgrün und an den Rändern einfach gesägt, unterseits anfänglich locker behaart (vgl. Speierling). Die Blätter verfärben sich im Herbst in ein leuchtendes Gelb und Scharlachrot. Blüte: Die doppelte, 5zählige Blütenhülle besitzt einen filzig behaarten Blütenbecher und weiße, nur 4–5 mm lange Kronblätter; 20 Staubblätter. Die zwittrigen Blüten stehen in Schirmrispen zusammen. Frucht: Herabhängende Fruchtstände mit korallenroten, kugeligen Früchten in Erbsengröße, die bis zu 3 Samen enthalten; Reifezeit August bis Oktober. Ähnliche Arten: Alle *Sorbus*-Arten haben gewisse Ähnlichkeit miteinander und bilden z. T. Bastarde. Ähnliche Fiederblätter hat die Esche (s. S. 164; Eberesche heißt: Falsche Esche).
Standort: Wichtig für ihr Gedeihen sind humusreiche, mäßig feuchte Steinböden, an den Nährstoffgehalt stellt sie keine besonderen Ansprüche. Die Eberesche ist ein Gehölz der rauheren Gebirgslagen. Sie ist frosthart, die Blüte aber spätfrostgefährdet. Man findet sie in lichten Laub- und Nadelwäldern, als Vorholz auf Schlägen, in Moorwäldern, an Waldrändern und an der Waldgrenze.
Verbreitung: Ganz Europa. Bei uns vom Tiefland bis in 2000 m Höhe (Baumgrenze).
Die Eberesche wächst sehr schnell; sie erreicht ein Alter von etwa 80–100 Jahren. Das Laub der Eberesche wirkt stark bodenverbessernd; außerdem verdrängt sie Unkraut und stellt somit ein besonders wertvolles Vor- und Schutzgehölz dar. Sie ist widerstandsfähig gegen Schneedruck und dient als Lawinenschutz. In der Landschaftsgestaltung wird sie gerne als Straßenbaum verwendet, da sie wenig empfindlich gegen Abgasbelastung ist. Wichtig auch als Waldmantelgehölz. Ihr leichtes, aber zähes und hartes Holz ist als Drechsler- und Wagnerholz sehr wertvoll. Die Früchte werden durch die Vögel verbreitet, für die sie im Herbst und Winter eine wichtige Nahrungsquelle sind. Sie sind reich an Vitamin C und organischen Säuren, enthalten jedoch auch Bitterstoffe. Sie können zur Herstellung von Branntwein, Essig, Apfel- und Sorbinsäure verwendet werden. Außerdem fördern sie die Heilung von Magenverstimmungen und Durchfall. Ohne Bitterstoffe und wesentlich zuckerhaltiger sind die Früchte der Mährischen Eberesche *(S. aucuparia edulis);* als »Zitrone des Nordens« lassen sie sich bestens zu Marmeladen, Säften und Wein verarbeiten.

Speierling
Sorbus domestica

oben links Blüten, rechts Früchte

10–20 m; Mai. **Merkmale:** Kleiner Baum mit birnbaumähnlicher Krone. Der kurze Stamm wird 50–60 cm dick; kräftige Äste. Die anfangs weißbehaarten Triebe werden später glatt. Die Borke älterer Bäume ist birnbaumähnlich rauh und rissig. Pfahlwurzler. Blatt: Die 11–21fach gefiederten Blätter ähneln sehr denen der Eberesche. Im Gegensatz zu diesen weisen die jungen Fiederblättchen Blattzahndrüsen auf, sind unterseits dicht und länger bleibend weißfilzig behaart (vgl. Eberesche). Gelbe bis rötliche Herbstfärbung. Blüte: 35–75 zwittrige, weiße Blüten bilden kegelförmige Doldentrauben. Die Kronblätter sind 6–7 mm lang (Eberesche 4–5 mm), weißfilziger Blütenbecher. Frucht: Gelbgrüne bis bräunliche apfel- oder birnenförmige Früchte (Wildform bis 3 cm), an der Sonnenseite oft gerötet. Reifezeit ist September/Oktober. Ähnliche Arten: Siehe Eberesche (S. 96). **Standort:** Vorzugsweise in mildem Klima auf frischen, kalkhaltigen, lehmig-mergeligen, auch sandigen Böden mit reichlich Mineralstoffen. **Verbreitung:** Mittel- und Südeuropa; bei uns gelegentlich angepflanzt, vor allem am Mittelrhein, im Nahe-, Mosel- und Maintal. Der Baum erreicht ein Alter von etwa 150 Jahren. Das Holz ist sehr schwer, fest und zäh. Die Früchte werden als Zusatz zur Mostherstellung verwendet. Sie verlängern durch ihre Gerbstoffe die Haltbarkeit und dienen der Geschmacksverbesserung.

Elsbeere
Sorbus torminalis

unten Laub und Blüten

Bis 15 m; Mai-Juni. **Merkmale:** Ein dicht belaubter, mittelgroßer Baum oder Großstrauch. Junge Triebe leicht filzig, später glänzend glatt und rotbraun. Die Borke älterer Stämme ähnelt der des Birnbaumes. Herzwurzelsystem mit Wurzelbrut. Blatt: Die tief gelappten Blätter (10 cm) erinnern an Ahornblätter. Oberseits glänzend grün, unterseits anfangs weich behaart; im Herbst rot. Blüte: Die weißen Zwitterblüten hängen in filzig behaarten Doldentrauben (12 cm) zusammen. Frucht: Länglich-kugelig (15 mm), hellbraun, mit helleren Punkten; enthalten meist 4 Samen; Reife im Oktober. Ähnliche Arten: Siehe Eberesche (S. 96). **Standort:** Die Elsbeere liebt mildes Klima und sonnige Plätze auf basenreichen, trockenen Kalkböden. Sie stellt sehr hohe Ansprüche an die Helligkeit und den Nährstoffreichtum tiefgründiger Böden. Sie meidet nassen Untergrund und Sandböden. **Verbreitung:** Ist in ganz Europa verbreitet, aber nirgends häufig; fehlt im hohen Norden und Nordosten. Von der Ebene bis in Höhenlagen um 900 m.
Die Elsbeere wächst ziemlich langsam. Durch ihr großes Ausschlagvermögen ist sie in Niederwäldern eine forstlich wichtige Pflanze. Sie wird auch an Straßen und im Stadtgrün verwendet. Ihr Holz ist hart, schwer und elastisch, dadurch für die Möbelherstellung interessant; es läßt sich gut polieren; der Brennwert ist hoch. Die genießbaren Früchte werden zu Marmelade, Essig oder Branntwein verarbeitet. Sie sind roh eßbar, wenn sie überreif sind, und dienen außerdem der Ernährung der Vögel. Die Blüten werden gerne von Bienen besucht.

Mehlbeere

Sorbus aria

oben Blüten, Mitte Früchte
unten links Laub

5–15 m; Mai-Juni. **Merkmale:** Ein sommergrüner, kleiner Baum oder vielstämmiger Großstrauch mit breiter, ovaler Krone; die jungen Triebe sind grau befilzt. Die Pflanze besitzt großes Ausschlagvermögen. Lange Zeit ist die dunkelbraune Rinde am Stamm glatt, die längsrissige Borke erscheint erst spät. Das Wurzelwerk dringt tief in den Boden ein, die Pflanze ist dadurch sehr unempfindlich gegen Wind. Blatt: Wechselständig angeordnete Blätter (8–12 cm) elliptisch-eiförmig, fest, mit kräftig-grüner Oberseite, 10–14 Nervenpaare sind deutlich sichtbar; die Unterseite ist mit hellem Filz überzogen. Scharfer, doppelt gesägter Blattrand. Die Blätter verfärben sich im Herbst gelblich bis leuchtend gelb. Blüte: Die weißen Blüten stehen in endständigen Schirmdolden mit etwa 5 cm Durchmesser und gleichen in Bau und Aussehen anderen *Sorbus*-Arten. Frucht: Die ovalen (10–12 mm), orangeroten Früchte mit mehligem Fruchtfleisch werden im September/Oktober reif; sie enthalten kleine braune Samen. Ähnliche Arten: Verschiedene Unterarten und Bastarde; siehe auch Eberesche (S. 96). **Standort:** Die Mehlbeere liebt sonnige, sommerwarme Lagen sowie mäßig frische bis trockene Standorte; der Boden sollte lehmig-steinig und kalkhaltig sein; sie meidet nasse Standorte. **Verbreitung:** Im gesamten Mittel- und Westeuropa verbreitet; bei uns hauptsächlich in den Gebirgen (Eifel, Hunsrück, Jura), im Voralpenland und in den Alpen bis in 1600 m Höhe.

Für trockene Hanglagen auf Kalk ist die Mehlbeere ein wertvolles Vorwaldgehölz. Sie verträgt Schnitt gut und ist frost- und staubfest. Auf geeigneten Standorten auch als kleinerer Straßenbaum zu verwenden. Sehr schweres, hartes und festes Holz, dadurch für viele Zwecke wertvoll. Die Früchte sind genießbar, roh allerdings nur nach dem ersten Frost; sie enthalten Apfel- und Zitronensäure. Man verwendet sie zur Herstellung von Marmeladen, Branntwein oder Essig. Auch die Vögel ernähren sich von den Früchten, die Bienen von Blütenpollen und Nektar.

Schwedische Mehlbeere

Sorbus intermedia

unten rechts Laub

5–10 m; Mai-Juni. **Merkmale:** Sommergrüner, stark verzweigter Strauch oder kleiner Baum mit wolligen jungen Trieben und ovaler Krone. Die Rinde bleibt lange glatt; erst bei älteren Bäumen bildet sich die graue, längsrissige Borke. Blatt: Ähnlich voriger Art, aber mit 4–5 Lappenpaaren. Die Blätter verfärben sich im Herbst gelb bis hellrötlich. Blüte: Ähnlich voriger Art. Frucht: Die der vorigen Art ähnlichen, eßbaren, glänzend hellroten Früchte reifen im September/Oktober. Das gelbliche, mehlige Fruchtfleisch enthält meist 2 Samen. **Standort:** Eine anspruchslose Art, die auch auf mageren, sandigen oder trockenen Böden wächst, Kalkstandorte jedoch, wie *Sorbus aria*, bevorzugt. **Verbreitung:** Im südlichen Skandinavien verbreitet; bei uns selten, hauptsächlich in Parks, an Straßen, in Hecken.

Besonders windbeständig und winterhart. Die Blüten sind eine Pollen- und Nektarquelle für Bienen.

Weißdorn
Crataegus monogyna

oben Laub
Mitte Blüten, unten Früchte

Bis 5 m; Juni. **Merkmale:** Man unterscheidet zwischen Eingriffeligem *(C. monogyna)* und Zweigriffeligem Weißdorn *(C. laevigata)*. Die Unterschiede bestehen nicht nur in der Zahl der Griffel, sondern auch in der Form der Blätter und Früchte. Beide Arten sind in Mitteleuropa weit verbreitet und kommen nebeneinander vor, werden aber selten unterschieden. Im folgenden wird der Eingriffelige Weißdorn beschrieben und im Foto abgebildet: Häufig als Strauch, seltener in Baumform. Sehr dornig durch spitze, bis 2 cm lange Kurztriebe. Schuppige Borke am Stamm, glatte graue Rinde an den Ästen. Die Wurzeln dringen tief in den Boden ein. Der sommergrüne Strauch ist sehr ausschlagfähig. Blatt: Die 3–7fach tief eingebuchteten Blätter sitzen wechselständig an den Zweigen. Die Lappen sind ungleichmäßig gesägt. Oberseite glänzend dunkelgrün, Unterseite bläulich-grün. Blüte: 5–10 weiße, unangenehm riechende, eingriffelige Blüten sitzen in endständigen Doldentrauben zusammen. Doppelte, 5zählige Blütenhülle mit weißen Kronblättern, etwa 20 Staubblätter und 1 Griffel. Frucht: Die ovalen, dunkelroten Steinfrüchte sitzen in Büscheln beisammen und reifen im August/September. Ähnliche Arten: Als 3. Art kommt bei uns der Großkelchige Weißdorn *(C. curvisepala)* vor; von allen 3 Arten gibt es Bastarde.
Standort: Der Weißdorn verträgt gut Lufttrockenheit. Der Boden muß tiefgründig sein, nährstoffreich und möglichst kalkhaltig, besonders dann, wenn die Wurzeln bis zum Grundwasser vordringen. Zu hoher Grundwasserstand schadet ihm, vor allem wenn der Boden zu leicht ist. Man findet ihn an Waldrändern, vorzugsweise in Hecken und Gebüschen, oder in Auwäldern, auch an sonnigen Gebirgshängen.
Verbreitung: Ganz Mitteleuropa bis zu den Mittelmeerländern; von der Ebene bis in Mittelgebirgsregionen von ca. 1300 m Höhe.
Der Weißdorn wächst langsam. Der Strauch eignet sich gut für Feldhecken (Hagedorn) und Gartenhecken, läßt sich auch gut beschneiden und wird dann besonders dicht. Er wird auch zur Befestigung von Sand- und Rohböden eingesetzt. Gegen Rauchsäuren und Gase ist er wenig empfindlich. Leider wird er oft von Gespinstmotten heimgesucht. Das Holz ist hart und schwer; es wird gern für Drechselarbeiten verwendet. Aus dem Fruchtfleisch stellt man Wildfruchtmarmeladen her. In der Naturheilkunde verwendet man Blüten und getrocknete Früchte gegen Bluthochdruck und zu schnellen Pulsschlag oder zur Unterstützung der Herztätigkeit. Der Weißdorn bietet der Vogelwelt gute Nistplätze, seine Beeren dienen den Vögeln als Nahrung. Die Blüten liefern Nektar und Pollen.

Felsenbirne
Amelanchier ovalis

oben Laub
unten links Blüten, rechts Früchte

1–3 m; April-Juni. **Merkmale:** Ein gerade wachsender, sommergrüner Strauch, mittelgroß und breitbuschig. Wollig behaarte junge Triebe, die später glatt olivgrün-bräunlich werden. Schwarzbraune Borke dünn, mit länglichen Rissen. Blatt: Die rund-ovalen, gestielten Blätter (2,5–4 cm) stehen wechselständig an den Zweigen; fein gesägte Ränder; oberseits mattgrün, mit deutlicher Nervenzeichnung; unterseits mit weißlichem, dichten Filz überzogen; Achselbärtchen. Blüte: 3–6 zwittrige Blüten in endständigen Rispen. Die doppelte Blütenhülle ist 5zählig: kurze, schmal-dreieckige Kelchblätter und schmale, lange weiße Kronblätter (12–20 mm). Frucht: Die kugeligen, matt blauschwarzen Früchte (8–10 mm) mit saftig-mehligem Fruchtfleisch reifen im August/September. Ähnliche Arten: Als Ziersträucher und gelegentlich verwildert die Kanadische Felsenbirne *(A. lamarckii)* und die Ährige Felsenbirne *(A. spicata).*

Standort: Liebt die Trockenheit sonniger, heißer, basenreicher Standorte; gedeiht gern auf felsigen Kalkböden. Ziemlich anspruchslos gegenüber Humus- und Nährstoffgehalt. Man findet die Felsenbirne selten, aber gesellig in Felsgebüschen und Felssäumen, in Eichen- oder Kiefernwäldern oder an sonnigen Waldrändern. Oft in der Nähe von Elsbeere, Zwergmispel oder Steinweichsel.

Verbreitung: In Südeuropa und hauptsächlich im Süden und Südwesten Mitteleuropas verbreitet, bis in Höhenlagen von 1800 m. Bei uns nur im Alpenbereich, Schwarzwald-Alb- und Hunsrück-Eifel-Gebiet stellenweise häufig, sonst weithin fehlend.

Die Felsenbirne wird manchmal zur Begrünung von Kalkhängen herangezogen. Die genießbaren Früchte schmecken süßlich; sie dienen den Vögeln als Nahrung. Die Bestäubung erfolgt durch Insekten. In Gärten und Grünanlagen wird häufig die Kanadische Felsenbirne angepflanzt und wegen ihrer frühen, hübschen Blüte und der feuerroten Herbstfärbung geschätzt.

Himbeere
Rubus idaeus

oben links Laub, rechts Blüten
unten Früchte

1–2 m; Mai-Juni. **Merkmale:** Ein sommergrüner Halbstrauch (Triebe nur an der Basis verholzend). Die jungen Zweige treiben oft aus den Wurzelsprossen heraus; anfangs sind sie unverzweigt, mit vielen kleinen Stacheln besetzt und wie mit dünnem Filz überzogen; erst im 2. Jahr bilden sie Seitenzweige, blühen, tragen Früchte und sterben dann nach der Fruchtreife ab. Starke Vermehrung durch Wurzelbrut. Blatt: Die 3–5fach gefiederten Blätter stehen wechselständig an den Zweigen. Die einzelnen Fiedern (bis 10 cm) sind länglich-oval, von dunklem Grün, mit tieferliegenden Blattadern; die Unterseite ist weißlich-filzig überzogen; doppelt gesägter Blattrand. Blüte: Die zwittrigen, gestielten Blüten weisen eine 5zählige Blütenhülle auf mit länglich-eiförmigen Kelchblättern, die länger als die weißen Kronblätter sind; zahlreiche Staubblätter. Die Blüten hängen nach unten. Frucht: Aus der Blüte entwickelt sich die Himbeere, eine Sammelfrucht, die sich aus vielen kleinen, mattroten Steinfrüchten zusammensetzt und im Juli/August reift. Ähnliche Arten: Einige Brombeer-Arten (s. S. 108).
Standort: Die Himbeere stellt hohe Nährstoffansprüche, braucht humusreiche und leicht feuchte Böden und liebt Schatten. Ein ausgesprochen stickstoffliebendes Gehölz, dessen Gedeihen von Nitrifikationsvorgängen im Boden abhängig ist (Kahlschläge). Gedeiht in Ebenen ebenso wie im Bergland, ist häufig in Gebüschen und Hecken, in Wäldern und deren Lichtungen zu finden.
Verbreitung: In Europa allgemein verbreitet, kommt aber hauptsächlich in gebirgigen Regionen vor; in den Alpen bis 1850 m.
Die Himbeere ist eine typische Kahlschlagpflanze. Sie begrünt den Boden nach Kahlschlägen durch Ausnutzung des hohen Stickstoffgehaltes. Die Früchte haben einen hohen Gehalt an Vitamin A, B und C, Kalium und Zucker und werden gerne zu Marmelade verarbeitet oder roh gegessen; sie enthalten außerdem einen Ölanteil von etwa 15–25 %. Blätter und Früchte werden als Droge verwendet; sie wirken schweißtreibend bei Fieber und helfen gegen Durchfall. Die Himbeere bietet den Vögeln Nahrung und Brutplätze; für die Bienen liefert sie Pollen und Nektar.

Brombeere
Rubus fruticosus

oben links Laub, rechts Blüten
unten Früchte

Bis 7 m; Mai-August. **Merkmale:** Ein sommergrüner, teilweise auch immergrüner mittelgroßer, rankender Strauch, der sich durch Absenker schnell ausbreitet. Die jungen Zweige sind lang überhängend, meistens kahl oder auch filzig behaart und bestachelt. Die Triebe verzweigen sich erst im 2. Jahr und sterben dann nach der Fruchtreife ab. Oft werden von der Brombeere undurchdringliche Gebüsche gebildet. Der Strauch bildet zahlreiche Wurzelschosse. Durch intensive Durchwurzelung des Bodens und reichlichen Laubfall tragen Brombeeren zur Bodenverbesserung bei. Blatt: Die gestielten, fingerförmig gefiederten Blätter (5–12 cm) sitzen an den Haupttrieben; meist 5 länglich-eiförmige Fiedern; in der Nähe der Blütenstände kommen auch oft nur einzelne Blättchen vor. Scharf gesägter Blattrand und deutlich sichtbare Blattadern, die zur Blattbasis hinführen. Blüte: Zwitterblüten mit 5zähliger, doppelter Blütenhülle: 8–12 mm lange, behaarte Kelchblätter und gleichlange oder längere weiße bis rosa Kronblätter, die sich während der Blüte ganz öffnen (im Gegensatz zur Himbeere); die Blüten sind rispenförmig angeordnet. Frucht: Die bekannte Brombeere, eine wohlschmeckende Sammelfrucht aus vielen kleinen schwarzen Steinfrüchtchen, reift von August bis Oktober. Ähnliche Arten: Siehe unten.
Standort: Sehr unterschiedliche Standortansprüche: manchmal auf eher unfruchtbaren, sauren Sand- oder Felsböden mit viel Sonne; dann wieder auf kalkhaltigen, eher trockenen Lehmböden oder auch auf sauren, feuchten, kühlen Böden. Sie fehlt nur auf extrem trockenen und nährstoffarmen sowie auf überschwemmten Standorten. Entsprechend unterschiedlich sind die Vegetationsgesellschaften, in denen man sie findet: in Gebüschen (Hecken), an Waldrändern, auf Schlägen, als Pioniergehölz, in Trockenrasen usw. Die Brombeere bevorzugt Regionen mit mildem Winterklima.
Verbreitung: Von der Ebene bis in die Gebirgsregion (800 m) in ganz Europa. Ein wichtiger Böschungsbefestiger, wo sie sich an sonnigen Standorten durch Senker stark ausbreitet; besonders sandige Böschungen können mit der Brombeere sicher begrünt werden. Eichenzöglinge wachsen im Schutz von Brombeerpflanzen sehr geschützt. Die Früchte werden zu Marmelade verarbeitet, sie haben einen hohen Gehalt an Vitamin A, B und C. In der Naturheilkunde werden die getrockneten Blätter als Heilmittel gegen Durchfall oder äußerlich bei Hautkrankheiten angewandt. Die dichten Sträucher geben den Vögeln gute Nistmöglichkeiten. Da sie teilweise auch im Winter beblättert sind, sind sie auch als Nahrung für das Wild interessant.
Es gibt in Mitteleuropa rund 100 verschiedene Brombeer-Arten, von denen etwa 90 in der *fruticosus-* und *corylifolius-*Gruppe zusammengefaßt werden können. Man kann sie in folgende Untergruppen gliedern: Echte B., Aufrechte B., Wintergrüne und Wald-B., Sprengels B., Kreuzdornblättrige B., Zweifarbige B., Samt-B., Drüsenarme B., Raspel-B., Stachelschwein-B., Drüsenreiche B., Haselblatt-B. und Hecken-B. Von ihnen unterscheiden sich deutlicher die Zimt-Brombeere *(R. odoratus),* die Moltebeere *(R. chamaemorus),* die Steinbeere *(R. saxatilis)* und die Kratzbeere *(R. caesius).*

Hunds-Rose, Heckenrose
Rosa canina

oben Blüten
unten links Laub, rechts Früchte (unten)

1–3 m; Juni. **Merkmale:** Ein schnell wachsender Strauch, der freistehend zu einem rundlichen Busch wird, im Gebüch kletternd aber sehr lange, rutenförmige Triebe ausbilden kann. Kahle, grüne Jungtriebe mit leicht gebogenen Dornen. Tiefreichende Wurzeln. Blatt: Die Blätter (6–10 cm lang) stehen wechselständig an den Zweigen, sie sind 5–7paarig gefiedert. Einzelne Fiedern länglich-oval, mit deutlich gesägten Blatträndern; glatte, dunkelgrüne Oberseite mit deutlicher Aderung; die Unterseite ist etwas heller; mit Stacheln besetzter Blattstiel. Die an der Basis des Blattstiels stehenden, länglichen Nebenblätter sind mit dem Stiel verwachsen und bleibend. Blüte: Blüten mit 5zähliger Blütenhülle: gefiederte oder fiederspaltige äußere, meist ganzrandige innere Kelchblätter; große, weißlich-rosa Kronblätter; zahlreiche Staubblätter zwischen denen die ebenfalls mehrzähligen Narben aus dem versenkten Blütenbecher hervorragen. Die Blüten stehen einzeln oder sind in Doldenrispen angeordnet. Frucht: Glatte, ovale Früchte, leuchtend rot; die bekannten wilden Hagebutten (2–2,5 cm) werden im September/Oktober reif. Ähnliche Arten: In Mitteleuropa sind etwa zwei Dutzend Wildrosen-Arten heimisch, die z. T. schwer zu unterscheiden sind.

Standort: Die Heckenrose liebt mittelschwere, nährstoffreiche, kalkhaltige oder basische Böden an warmen, sonnigen Standorten. Sie bevorzugt mäßig trockene bis frische Böden und ist besonders lichtbedürftig, verträgt aber auch leichten Schatten. Man findet sie an Waldrändern, am Saum von Gebüschen, auf Böschungen, auch in lichten Laub- und Nadelwäldern.

Verbreitung: Weit verbreitet in ganz Europa; alle Lagen bis zu 1400 m Höhe. Die raschwüchsige Heckenrose ist ein guter Befestiger steiniger, sonniger Böschungen. Die Heckenrose ist unempfindlich gegen Wildverbiß und kann daher als Begrenzungshecke auf Feldern gut eingesetzt werden. Sie ist eine der am häufigsten vorkommenden heimischen Rosen-Arten. (Mancherorts wird sie durch die eingeführte, auf Sandböden aber rasch verwildernde, strauchförmig wachsende Apfel-Rose, *Rosa rugosa*, an Häufigkeit übertroffen.) Das Holz der Hunds-Rose wird oft für Drechslerarbeiten oder in der Kunstschreinerei verwendet. Die Hagebutten (Scheinfrüchte) sind eßbar. Sie haben einen hohen Vitamin-C-Gehalt und 2–2,7 % Öl. Man macht daraus Marmelade, Liköre oder verwendet die getrockneten Früchte als Teeaufguß. In der Naturheilkunde werden Samen und entkernte Früchte als Droge zur Heilung von Keuchhusten, Nieren- und Blasenentzündungen sowie Darmstörungen herangezogen. Für die Vögel und das Wild ist die Heckenrose Schutzgehölz und wichtiger Nahrungslieferant. Während der Blüte in den Sommermonaten ein wichtiger Pollenspender für die Bienen. Als Bildungen der Haut stellen die »Dornen« im botanischen Sinne Stacheln dar. Zuchtformen der Rose mit gefüllten Blüten entstehen durch Umbildung der Staubblätter zu Kronblättern. Die kugelförmigen, oft rötlichen Büschel, die man oft an Rosen findet, sind Wucherungen, die durch die Eiablage der Rosengallwespe hervorgerufen werden; sie sind innen in mehrere Kammern gegliedert, in denen sich die Larven der Wespe entwickeln.

Trauben-Kirsche
Prunus padus

oben Blütenstände
unten links Laub, rechts Früchte

Bis 18 m; Mai-Juni. **Merkmale:** Ein sommergrüner Baum oder Großstrauch, der sich meist kurz über dem Boden mehrstämmig verzweigt, mit lockerer Krone und etwas überhängenden Ästen. Die Rinde der dicken jungen, behaarten Triebe wird später glatt und dunkelbraun. Die Rinde riecht an der Innenseite unangenehm stark. Starkes Ausschlagvermögen. Die dunkel-graubraune Borke löst sich mit der Zeit dünnrollig ab. Die Wurzeln dehnen sich mehr in die Breite als in die Tiefe aus und neigen zur Bildung von Wurzelbrut. Blatt: Elliptische Blattform (6–12 cm), kurz spitz zulaufend, mit scharf gesägten Rändern; 15–20 mm langer Stiel, der am oberen Ende mit Nektardrüsen besetzt ist; oberseits matt dunkelgrün, unterseits bläulich; in wechselständiger Anordnung. Blüte: 15–20 süß duftende weiße Blüten sind in locker hängenden Trauben zusammengefaßt; sie erscheinen nach dem Blattaustrieb. Die 5zählige Blütenhülle besteht aus einem winzigen, innen behaarten Blütenkelch und den weißen Kronblättern; die etwa 20 gelblichen Staubblätter sind etwa halb so lang wie die Kronblätter. Frucht: Die schwarzen, kugeligen Steinfrüchte in Erbsengröße sind von bittersüßem Geschmack und reifen im Juli/August. Ähnliche Arten: Kaum zu verwechseln.
Standort: Liebt die feuchten, humusreichen Böden der Flußauen und Bachränder. Die Böden sollen frisch, basisch und mineralstoffreich sein. Die Trauben-Kirsche gedeiht auch auf sandigen Plätzen mit Grundwasserzugang. Als Unterholz ist sie halbschattenverträglich.
Verbreitung: In Europa weit verbreitet; wächst vom Tiefland bis in Höhenlagen von 1500 m der Alpenregion.
Ein schnell wachsendes Gehölz, das in Hecken und an Waldrändern gute Dienste tut. Ein auch für den Naturgarten sehr geeigneter Strauch. Leider wird er gelegentlich von einer Gespinstmotte befallen. Die Traubenkirsche wird vom Wild nicht verbissen. Leichtes, weiches, aber trotzdem sehr festes Holz. Aus den Stockausschlägen fertigt man Bindematerial für Fässer. Aus den Früchten kann man Marmelade, Essig oder Getränke herstellen. Die getrocknete Rinde wird als Droge in der Naturheilkunde eingesetzt. Sie gilt als Beruhigungsmittel bei Krämpfen, senkt Fieber und hilft gegen Durchfall. Während der Blüte eine wertvolle Bienenweide; die Früchte dienen als Vogelfutter.

Vogel-Kirsche
Prunus avium

oben links Laub, rechts Blüten
unten links Früchte, rechts Rinde

15–20 m; April-Mai. **Merkmale:** Meist mittelgroßer, sommergrüner Baum mit langem, geradem Stamm und breiter, kegelförmiger Krone. Relativ dicke Zweige mit vielen Kurztrieben. Die jungen Zweige sind kahl. Die Rinde ist meist glänzend braun; die Borke löst sich waagrecht ab. Kräftiges und weitreichendes Herzwurzelsystem. Starker Stockausschlag. Blatt: Große, länglich-ovale, zugespitzte Blätter (6–15 cm) mit etwa 3 cm langem Stiel; die Ränder sind grob und unregelmäßig gesägt. Die Blattadern stehen nur auf der behaarten Unterseite vor. An den Blattstielen bildet sich Nektar. Wechselständige Anordnung der im Herbst leuchtend orange und rötlich verfärbten Blätter. Blüte: Sitzende Blütendolden (2,5 cm) an vorjährigen Zweigen. Die Blüten entfalten sich schon kurz vor der Laubentwicklung. Weiße Kronblätter, mit 20–30 Staubblättern. Kahler Blütenkelch mit zurückgeschlagenen Kelchblättern. Frucht: Die kleinen, schwarzroten, bittersüß schmeckenden Kirschen enthalten einen glatten Kern und reifen im Juli. Ähnliche Arten: Kaum zu verwechseln.
Standort: Kalkhaltige, leicht feuchte, lehmig-tonige Böden mit hohem Nährstoffgehalt. Die Vogel-Kirsche ist sehr lichtbedürftig; im Schatten kümmert sie und bildet keine Blüten aus. Man findet sie an Bachufern, in Gebüschen, an Waldrändern oder in lichten Wäldern.
Verbreitung: In ganz Europa verbreitet; im Gebirge bis 1700 m Höhe.
Die Vogel-Kirsche hat sich bei der Begrünung hoher, steiler Böschungen und Spülfelder bewährt; außerdem ist sie ein wichtiges Waldmantelgehölz. Die Vogel-Kirsche ist die Stammform der Süßkirsche. Sie wächst schnell und blüht bereits nach wenigen Jahren. Sie kann 80–90 Jahre alt werden; ihr Stamm erreicht dabei eine Dicke von 80 cm. Das Holz ist hart, schwer und elastisch, aber nicht besonders haltbar; qualitätsmäßig mit Ahornholz zu vergleichen, also sehr wertvoll. Es wird oft in der Möbelherstellung verwendet. Der Brennwert ist ziemlich hoch. Die Früchte werden durch Drosseln und andere Vögel verbreitet. Der Geschmack der Früchte ist dem der Kulturkirschen ähnlich; sie enthalten mehr Säure und schmecken etwas bitterer.

Schlehe, Schwarzdorn
Prunus spinosa

oben Blüten
unten links Laub, rechts Früchte

1–3 m; März-April. **Merkmale:** Ein dorniger, mittelgroßer Strauch, sommergrün und weit verzweigt. Die rötliche Rinde junger Triebe ist behaart; später wird sie glatt und verfärbt sich schwarz (Name!). Die Wurzeln dehnen sich in der Fläche stark aus und bilden Wurzelschößlinge. Blatt: Wechselständig angeordnete, am Rand gezähnte Blätter (3–4 cm) mit 4–12 mm langem Stiel. Schmale, elliptische Form mit glatter, leicht glänzender Oberseite; am Grund mit kleinen Nektardrüsen; die Unterseite ist heller, mit zart-filzigen Adern. Blüte: Die Blüten erscheinen lange vor dem Laub. Die doppelte Blütenhülle ist wie bei allen Rosengewächsen 5zählig, die Zahl der Staubblätter ist etwa 20. Frucht: Die runde, matt-dunkelblaue Frucht schließt einen relativ großen Steinkern ein, der ziemlich fest mit dem Fruchtfleisch verbunden ist; sie reift im September/Oktober. Ähnliche Arten: Kann mit Kreuzdorn (s. S. 138) verwechselt werden.

Standort: Die Schlehe stellt hohe Ansprüche an den Nährstoffgehalt des Bodens. Sie bevorzugt mineralkräftige, lehmige und kalkhaltige Böden. Je trockener der Boden, desto größer ist das Kalkbedürfnis. Nasse Lagen meidet sie. Klimatisch bevorzugt sie warme, sonnige Standorte. Man findet sie oft in gemischten oder reinen Hecken, im Pioniergebüsch auf Magerweiden, auf Lesesteinwällen, an Waldrändern oder steinigen Waldplätzen, oft zusammen mit Wildrosen und Weißdorn.

Verbreitung: Kommt in Europa mit Ausnahme des Nordens und Nordostens vor. Von der Ebene bis in 1000 m Höhe.

Schlehen erreichen ein Alter von etwa 50 Jahren, ihr »Stamm« ist dann bis 10 cm dick. Der Strauch eignet sich für dichte Schutzpflanzungen (besser als Stacheldraht) ebenso wie zur Befestigung von Böschungen oder trockenen Hängen; auch als Schneeschutzgehölz ist die Schlehe sehr wertvoll. Das zähe, harte Holz kann zu Drechslerarbeiten verwendet werden. Die Früchte sind sauer und gerbstoffreich; sie werden zum Einkochen oder zur Herstellung von Säften verwendet; roh sind sie erst nach Frosteinwirkung genießbar; sie dienen auch den Vögeln als Nahrung. Die getrockneten Blüten und Früchte werden bei Magen-, Darm- oder Blasenkrankheiten eingesetzt; sie haben blutreinigende und schmerzstillende Wirkung. Während der frühen Blütezeit eine wichtige Bienenweide.

Besenginster
Sarothamnus scoparius

oben links blühender Strauch, rechts Einzelblüten
unten links Blätter, rechts junge Früchte

1–3 m; Mai-Juni. **Merkmale:** Ein sommergrüner, aufrechter Strauch mit rutenförmigen Trieben; manchmal auch ein kleiner Baum mit weitverzweigtem Geäst. Auffallend sind die vielen leuchtend gelben Blüten. Die frischen Zweige sind 5kantig und dünn behaart; sie behalten lange ihre dunkelgrüne Farbe. Die Stämme sind schwärzlich-braun. Die Pfahlwurzel dringt tief in den Boden ein, die Seitenwurzeln breiten sich weit aus. Blatt: An Kurztrieben und am Grund der Langtriebe findet man Rosetten aus kleeblattähnlichen, 3teiligen, beidseitig behaarten Blättern (5–20 mm); die kleinen Blätter (6–7 mm) der Langtriebe sind lanzettlich geformt und oberseits fein behaart. Blüte: 1–2 gestielte Schmetterlingsblüten, mit 5zähliger, doppelter Hülle; die leuchtend gelben Kronblätter sind bis 2,5 cm lang; 10 Staubblätter und zottig behaarter oberständiger Fruchtknoten. Frucht: Eine erbsenähnliche, flache, zur Reife schwarze Hülse (bis 5 cm) mit bewimperten Kanten enthält die Samen, die im August/September reifen. Ähnliche Arten: Mit der Bezeichnung Ginster werden verschiedene gelbblühende Gattungen der Schmetterlingsblütler belegt. Neben den hier beschriebenen 3 Arten sind in Mitteleuropa heimisch: Der Englische Ginster *(Genista anglica),* der Färber-Ginster *(G. tinctoria),* der Flügel-Ginster *(G. sagittalis)* und der Heide-Ginster *(G. pilosa).* Ähnlichkeit haben auch Geißklee-Arten *(Cytisus)* und etwa die Gelbe Hauhechel *(Ononis natrix).*
Standort: Der Besenginster bevorzugt leicht lehmige, nährstoffreiche Böden mit saurer Reaktion und guter Durchlüftung. Kalkhaltige, nasse oder torfige Böden behindern sein Wachstum. Der frostempfindliche Strauch braucht luftfeuchtes, wintermildes Klima. Man sieht ihn an sonnigen Hängen und Wegrändern, auf Extensivweiden, in Heiden, Kiefernwäldern oder in hellen Buchen-, Birken- und Eichenwäldern.
Verbreitung: Vor allem im Westen Mitteleuropas. Von der Ebene bis in niedrige Gebirgslagen (etwa 1000 m), fehlt in den Alpen.
Besenginster gedeiht gut in der Nähe der Eiche; er wirkt bodenverbessernd durch Stickstoffanreicherung und ist ein Unkrautvernichter. Im Landschaftsbau verwendet man ihn als Bodenbereiter und Bodenfestiger. Die Samen können Jahrzehnte im Boden ruhen; ihr Keimen wird durch Brand gefördert. Die Samen werden durch die explosionsartige Öffnung der Hülse ausgeschleudert und von Ameisen verteilt. In der Naturheilkunde setzt man die getrockneten Blätter als harntreibende und herzberuhigende Droge ein. Der Besenginster liefert im Mai den Bienen Pollen; Reh und Hase benutzen ihn zur Äsung; dadurch leidet er stark unter Wildverbiß.

Stechginster
Ulex europaeus
                                        oben links Strauch, rechts Blüten

Bis 1,5 m; April-Juni. **Merkmale:** Immergrüner, sparriger, sehr dornenreicher Strauch. Die fein gerillten, grünen Zweige sind abstehend behaart. An älteren Trieben ist die Rinde hellbraun. Alle Verzweigungen enden in kräftigen, spitzen Dornen. Der Stechginster zeigt eine starke Durchwurzelung des Bodens. Blatt: Die 3zähligen, kleeblattartigen Laubblätter mit dornigen Nebenblättern sind nur bei Keimpflanzen ausgebildet. Alle späteren Blätter sind zu 4–8 mm langen, grünen, kurz behaarten Dornen umgebildet. Blüte: Die sattgelben Schmetterlingsblüten stehen zu 1–3 an seitlichen Kurztrieben. Der zweiteilige Kelch ist zottig behaart und fast bis zum Grund geteilt. 10 miteinander verwachsene Staubblätter. Frucht: Die 1–2 cm lange, dicht behaarte Hülse enthält 2–4 Samen; Reife Juli bis September. Ähnliche Arten: Siehe Besenginster (S. 118). **Standort:** Humose Sandböden, durchlässige Lehmböden, magere Heiden auf saurem Gestein. Klimatisch braucht der frostempfindliche Strauch luftfeuchte, wintermilde, lokal geschützte, aber sonnige Lagen. Charakterpflanze atlantischer Heiden, wo sie mit Grauer Heide, Ginster-Arten und Adlerfarn ausgedehnte Dickichte bildet. **Verbreitung:** Im atlantischen Klimabereich verbreitet, kommt stellenweise (angesiedelt) auch im Norddeutschen Tiefland und in Tallagen des Süd-Schwarzwaldes vor. Wildfuttergehölz. Wird oft als Hecke angepflanzt und verträgt regelmäßigen Rückschnitt gut; eignet sich als Festiger von Binnendünen. Sehr hartes Holz ohne besondere Verwendungsmöglichkeit.

Deutscher Ginster
Genista germanica
                                          unten Zweig mit Blüten

Bis 75 cm; Mai-Juni. **Merkmale:** Berniger, teils niederliegender, sommergrüner Strauch mit aufsteigenden Trieben. Langtriebe gefurcht, abstehend behaart, ohne Dornen; Seitentriebe im nichtblühenden Bereich lang dornenförmig, kleinere Dornen tragend. Blatt: Lanzettlich (bis 15 × 6 mm), beidseitig locker behaart, lang bewimpert; im Spitzenbereich können einige Blätter überwintern. Blüte: Die 5 cm langen Schmetterlingsblüten sind zu endständigen Trauben vereint. Kelch behaart. Frucht: Eine schwarzbraune, 10 mm lange Hülse, in der 2–5 Samen liegen. Ähnliche Arten: Siehe Besenginster (S. 118). **Standort:** Auf mäßig trockenen, nährstoff- und kalkarmen, aber basenreichen bis leicht sauren Böden (Versauerungszeiger). Kommt in trockenen Wäldern, an Küstendünen und auf Heiden vor, auch in lichten Eichen- und Kiefernwäldern. **Verbreitung:** In ganz Mitteleuropa von der Ebene bis in mittlere Gebirgslagen, fehlt aber in Kalkgebieten, z. B. Alpen und Rheinland, und ist im Norden und Nordwesten selten.
Eine der 5 in Mitteleuropa heimischen *Genista*-Arten (vgl. Besenginster).

Robinie, Falsche Akazie
Robinia pseudacacia

oben links Laub, rechts Blüten
unten links Früchte, rechts Rinde

20–25 m; Mai-Juni. **Merkmale:** Ein sommergrüner Baum mit lockerer, rundlicher bis schirmförmiger Krone. Die jungen, olivgrünen Triebe und Äste haben bis zu 3 cm lange Nebenblattdornen. Kennzeichnend grobe, dicke Borke, dunkel graubraun, mit tiefen längsrissigen Furchen. Pfahlwurzel mit Seitenwurzeln, die sich bis zu 20 m weit ausbreiten; Wurzelknöllchen machen den Luftstickstoff pflanzenverfügbar. Blatt: Wechselständige Stellung der mit 4–11 Paaren gefiederten, 20–30 cm langen, zarten, sattgrünen Blätter; die einzelnen Fiedern (3–6 cm) sind länglich-elliptisch und ganzrandig, die Unterseite erscheint gräulich; gelbe Herbstfärbung. Blüte: Zahlreiche, wohlriechende, kleine, weiße Schmetterlingsblüten stehen in dichten, hängenden Blütentrauben (10–25 cm) zusammen. Frucht: Der oberständige Fruchtknoten wächst sich zu einer abgeflachten Hülse aus (5–10 cm), in der die 4–10 Samen im September reif werden. Ähnliche Arten: Keine.
Standort: Liebt als Lichtpflanze sehr helle und sommerwarme Plätze mit tiefgründigen, sandig-lehmigen Böden; gedeiht auch auf Schotter und nährstoffarmen Plätzen; kommt an Waldrändern vor, in lichten Mischwäldern, auf Böschungen und Brachen oder an Straßenrändern. Bildet an Bahndämmen oft ausgedehnte Reinbestände.
Verbreitung: Die ursprünglich in Südeuropa beheimatete Robinie ist inzwischen in Europa weit verbreitet und kommt bei und bis in Höhenlagen von 600 m vor.
Die Robinie wächst in der Jugend sehr schnell und kann 100–200 Jahre alt werden; der Stamm ist dann bis zu 1 m dick. Während die jungen Bäume etwas stangenhaft wirken, entfalten sich alte zu prächtig ausladenden, schönen Bäumen. Robinien sind gute Bodenbefestiger und wirken durch ihr Laub bodenverbessernd. Man verwendet sie daher als Pioniergehölz auf lockeren Sand-, Kies- und Steinböden. Gegenüber anderen Gehölzen ist die Art freilich sehr unduldsam, nur Holunder, Weißdorn, Eberesche und Eiche können im Schutz von Robinien aufkommen. Robinien sind unempfindlich gegenüber Abgasen. Ihr Holz ist fest und elastisch; es wird für Turngeräte, Ruderstangen oder Leitern verwendet; wertvoll zum Drechseln und Schnitzen oder für Wasserbauten; außerdem hoher Brennwert. Das beste Holz kommt von 40–50jährigen Pflanzen. Samen und Rinde der Robinie enthalten Robin, ein Gift das zu Störungen im Glykogenhaushalt von Leber- und Muskelzellen führen kann. Die Robinie vermehrt sich durch Wurzelsprosse ebenso wie durch Samen. Die Früchte bleiben meist den Winter über am Baum und fallen erst im Frühjahr ab. Die Robinie liefert für die Bienen einen Nektar mit besonders hohem Zuckergehalt (34–59%). Laub und Rinde enthalten für Pferde giftige Stoffe, wogegen Kühe und Ziegen das Laub gerne und unbeschadet genießen können. Manche Vögel nisten in den Rindenspalten alter Bäume.

Berg-Ahorn
Acer pseudoplatanus

oben links Laub, rechts Blütenstände
unten links Früchte, rechts Rinde

Bis 30 m; April-Mai. **Merkmale:** Die dichte Krone dieses hohen, sommergrünen Baumes ist breit gewölbt. Oft nur kurzer Stamm, der sich bald in dicke Äste verzweigt. Die jungen olivgrünen Triebe werden später rötlich-dunkelbraun. Besonders auffallend sind die grünen Knospen im Winter. Im Jugendalter Neigung zum Stockausschlag. Die silbrig-graubraune Borke blättert in kleinen, länglichen Schuppen ab. Der Baum bildet starke Herzwurzeln, die sich weit ausbreiten und tief in den Boden eindringen, dadurch ist der Berg-Ahorn als besonders sturmfest bekannt. Blatt: Blattanordnung gegenständig; breit-rundliche, 5lappige Form, lang gestielt, mit dunkelgrüner Oberseite, unterseits eher gräulich-grün und grau behaart. Charakteristische goldgelbe Herbstfärbung. Blüte: Die gelbgrünen Blüten, die in 8–12 cm langen, hängenden Trauben zusammenstehen, erscheinen nach der Laubentfaltung. In einem Blütenstand kommen zwittrige Blüten ebenso vor wie eingeschlechtige. 5zählige Blüten mit doppelter, freiblättriger Blütenhülle, 8 Staubblättern und weißzottigem, oberständigem Fruchtknoten. Frucht: Die breit geflügelten, kahlen Früchte stehen annähernd rechtwinkelig zueinander. Diese kennzeichnenden Gebilde reifen im September/Oktober; sie fallen propellerartig vom Baum und werden vom Wind verbreitet. Ähnliche Arten: Neben den hier beschriebenen 3 Ahorn-Arten sind in warmen (Kalk-)Gebieten noch der Schneeballblättrige Ahorn *(A. opalus)* und der Französische Maßholder *(A. monspessulanum)* bei uns heimisch. Als Ziergehölze werden zahlreiche exotische Ahorne gepflanzt.

Standort: Tiefgründige, humusreiche Lehmböden mit guter Nährstoffversorgung. Er bevorzugt den atlantischen Klimabereich; ist auf hohe Luftfeuchtigkeit angewiesen, liebt kühle, etwas bodenfeuchte Standorte. Man findet ihn in Linden-Ahorn- und Buchen-Mischwäldern; kaum Reinbestände.

Verbreitung: In ganz Europa weit verbreitet. Kommt in Mitteleuropa vor allem im Mittelgebirge vor bis in Höhenlagen von 1650 m in den Alpen. Wird in Norddeutschland häufig angepflanzt.

Der Berg-Ahorn wächst in der Jugend ziemlich langsam und blüht mit 20–30 Jahren zum ersten Mal. Er kann ein Alter von etwa 500 Jahren erreichen und bildet dabei Stämme von bis zu 3 m Dicke. Ein guter Befestiger von Schuttböden und Hängen. Ebenso bedeutend zur Uferbefestigung. An der Waldgrenze ersetzt er im Gebirge als Pionierholzart die Birke. Gegen Abgase ist er jedoch sehr empfindlich. Das weiße, glänzende Holz ist hart und schwer; besonders wertvoll in der Möbelherstellung und für Schreinerarbeiten; es hat außerdem einen hohen Brennwert. Blühende Bäume sind als Frühtracht ein wichtiger Pollen- und Honiglieferant für Bienen; im Mai/Juni kommt der Blatthonig hinzu. Leider leidet der Berg-Ahorn sehr unter Wildverbiß und verschwindet wie andere Laubgehölze und die Tanne wegen der überhöhten Wildbestände immer mehr, vor allem aus den Bergwäldern.

Spitz-Ahorn
Acer platanoides

oben links Laub, rechts Blüten
unten links Früchte, rechts Rinde

20–30 m; April-Mai. **Merkmale:** Ein hoher, sommergrüner Baum mit starken Ästen; der Stamm ist schlank, gerade und kurz. Die Winterknospen sind rotbraun; die jungen Triebe kahl und braun. Mäßiger Stockausschlag in der Jugend. Schwärzliche, rippenförmig-feinrissige Borke an älteren Stämmen. Die Herzwurzeln breiten sich flacher aus als beim Berg-Ahorn. Blatt: Gegenständig angeordnete, 5lappige Blätter (10–18 cm) mit langem Stiel; spitz zulaufende, weitbogig gezähnte Lappen; oberseits kräftig grün, unterseits grün, mit Adernbehaarung; die Blattstiele enthalten eine milchige Flüssigkeit; im Herbst Färbung in ein kräftiges Gelb bis Rot. Blüte: Die gelben, in aufrechten Doldentrauben wachsenden Blüten erscheinen noch vor den Blättern. Die 5zähligen Blüten haben eine doppelte Blütenhülle mit gelblich-grünen Kelch- und Kronblättern; 8 Staubblätter und oberständiger Fruchtknoten. In einem Blütenstand kommen ein- und zweigeschlechtige Blüten vor. Frucht: Die flachen Nüßchen sind in 3–5 cm langen Flügeln verpackt, die in stumpfem Winkel zueinander stehen und in Büscheln vereinigt sind; Färbung hellgrün, rötlich überhaucht; sie reifen im Oktober und werden vom Wind verbreitet. Ähnliche Arten: Siehe Berg-Ahorn (S. 124).
Standort: Der Untergrund sollte feucht, nährstoff- und basenreich sein; tiefgründige Lehm- und Steinschuttböden werden bevorzugt. In sommerwarmem Klima wird Halbschatten ertragen. In sonnigen Linden-Ahorn-Hangwäldern, Schlucht- und Laubmischwäldern sowie im Eichen-Ulmen-Auwald zu finden.
Verbreitung: Hauptsächliche im Norden Europas. Kommt vom Tiefland bis in Höhenlagen von 1000 m vor; im nordwestdeutschen Tiefland ursprünglich selten bis fehlend.
Der Baum wird etwa 150 Jahre alt, er erreicht die Blühfähigkeit mit 20 Jahren. Spitz-Ahorn ist für die Aufforstung von Böschungen und zur Sicherung von Fluß- und Bachufern geeignet. Das Laub wirkt bodenverbessernd. Er ist abgasempfindlich und sehr verbißgefährdet. Spitz-Ahorn bildet ein feinfaseriges, hartes und schweres Holz, das für Musikinstrumente sowie beim Möbelbau Verwendung findet; man kann daraus gute Tischplatten herstellen. Liefert im April Pollen und im Mai/Juni Blatthonig.

Feld-Ahorn
Acer campestre

oben links Laub, rechts Blütenstände
unten links Früchte, rechts Rinde

10–15 m; Mai. **Merkmale:** Ein kleiner bis mittelgroßer, sommergrüner Baum mit rundlicher Krone, der sich schnell reich verzweigt. Unter schlechten Bedingungen wächst er strauchartig. Die Rinde der Zweige ist oft rissig. Die olivgrünen bis rötlichen jungen Triebe enthalten eine milchige Flüssigkeit. Starker Stockausschlag. Korkähnliche Rinde, die sich in dünnen Schuppen löst. Die Herzwurzeln dringen je nach Möglichkeit tief in den Boden ein. Blatt: Gegenständige Blattstellung der 3–5lappigen, schwach rundlich eingekerbten Blätter, deren Mittelteil oft wieder 3lappig ist. Die Oberseite ist glattgrün, die Unterseite leicht behaart; in den Blattstielen befindet sich ein milchähnlicher Saft. Goldgelbe Herbstfärbung. Blüte: Die Blütezeit trifft mit der Blattbildung zusammen. Kleine, grüne Blüten in aufrecht sitzenden 10–20blütigen Rispen. In einem Blütenstand kommen zwittrige und eingeschlechtige Blüten vor. Die gestielten Blüten sind 5zählig, mit doppelter Blütenhülle, wobei sich die gelbgrünen Kelch- und Kronblätter kaum voneinander unterscheiden; 8 Staubblätter und oberständiger Fruchtknoten. Frucht: Die Nußfrüchte reifen in flügelähnlichen, waagrecht abstehenden Hüllen, die vom Wind verbreitet werden. Reifezeit ist September/Oktober. Ähnliche Arten: Siehe Berg-Ahorn (S. 124).
Standort: Der Feld-Ahorn braucht gut durchlüftete, sandige Böden mit hohem Nährstoffgehalt; kalkhaltig oder mäßig feucht. Oft an den Ufern schnell fließender Gewässer, auch in Eichen-Hainbuchen-Mischwäldern, Buchen- und Auwäldern, an Feldrainen und Waldrändern mit krautigem Unterwuchs. Wird oft in Gärten und Parks als Heckenstrauch angepflanzt. Ein Gehölz der Ebenen und Täler und auch des Hügellandes.
Verbreitung: Meist vereinzeltes Vorkommen in ganz Europa; in Süddeutschland häufiger als im Norden, in den Alpen bis 1000 m.
Der Feld-Ahorn wächst sehr schnell; er kann bis zu 150 Jahren alt werden und erreicht die Blühfähigkeit mit ungefähr 20 Jahren. Ein guter Bodenbefestiger an Südhängen. Da er auf den Stock gesetzt werden kann und Schnitt verträgt und dann recht dicht wächst, ist er auch als Heckenpflanze geeignet. Er ist wenig abgasgefährdet. Das Holz ist leicht und weich, aber sehr zäh und fest; es findet in der Drechslerei und Schnitzerei Verwendung; man fertigt daraus die besten Axtstiele. Der an den Blättern entstehende Honigtau wird von den Bienen eingesammelt (Waldhonig).

Roßkastanie
Aesculus hippocastanum

oben links Laub, rechts Blütenstände
unten links Früchte, rechts Rinde

Bis 25 m; April-Mai. **Merkmale:** Ein sommergrüner, hoher Baum mit sehr dichter, unregelmäßig oval-runder, weit ausladender Krone. Sehr kräftige Äste, die im unteren Teil bogig hängen; verhältnismäßig kurzer Stamm. An den jungen, gräulich-braunen Zweigen bilden sich viele Korkwarzen. Bei den Knospen fällt die bis zu 3,5 cm große Endknospe auf, die wesentlich größer ist als die anderen. Rinde mit hohem Gerbstoffgehalt. Die dicke, graubraune Borke ist längsrissig und löst sich in kleinen Schuppen ab. Das Wurzelwerk breitet sich flach aus, bindet aber den Boden gut. Blatt: Gegenständige Anordnung der lang gestielten, 5–7teilig gefingerten Blätter (10–25 cm); doppelt gesägter Blattrand, besonders deutliche Nervenzeichnung. Die einzelnen Fiedern sind verkehrt länglich-oval (10–20 cm) und handförmig in einem Punkt zusammengewachsen. Oberseits dunkelgrün; unterseits etwas heller, mit behaarten Adern. Die Blätter verfärben sich im Herbst gelb. Blüte: Große, weiße bis rötliche, kegelförmige Blütenstände in 20–30 cm langen Scheinrispen; die endständigen Blüten (2 cm) sind zweiseitig symmetrisch; neben zwittrigen treten rein männliche Blüten auf. Doppelt 5zählige Blütenhülle mit glockigem Kelch; die weißen Kronblätter sind oval, mit dünnem Stiel (»genagelt«); die beiden oberen Kronblätter zeigen anfangs gelbe, später rötlich gefärbte Saftmale. 7 die Krone überragende Staubblätter und oberständiger Fruchtknoten. Frucht: Hellgrüne, kugelige Früchte von 5–7 cm Durchmesser, mit dicker, stacheliger Fruchtschale, die die 1–3 großen, glänzend braunen Samen mit großem weißen »Nabel« einhüllt. Die Kastanien reifen im Oktober. Ähnliche Arten: Als Park- und Straßenbaum findet man häufig die Fleischrote Roßkastanie *(Ae. carnea)*, eine erbfeste Züchtung; seltener werden die nordamerikanischen Arten Rote Roßkastanie *(Ae. pavia)* und Gelbe Roßkastanie *(Ae. octandra)* gepflanzt.
Standort: Die Roßkastanie stellt hohe Ansprüche an ihren Wachstumsort. Der Untergrund soll genügend Humus und mäßige Feuchtigkeit aufweisen sowie locker und nährstoffreich sein; bevorzugt werden tiefgründige, milde und lehmige Böden. Ihre Heimat sind die östlichen Balkanländer, wo sie in Berg-, Schlucht- und Eichenmischwäldern vorkommt. Bei uns wird sie gerne als Allee- oder Parkbaum angepflanzt, gelegentlich auch forstlich.
Verbreitung: Wild nur in Nordgriechenland; in West- und Mitteleuropa als Park- und Straßenbaum weit verbreitet. Bis in die Höhen des Mittelgebirges. Ein schnell wachsender Baum und sehr guter Schattenspender. Für die freie Landschaft als »Exot« ungeeignet. Im Siedlungsbereich nur dort zu verwenden, wo genügend Platz für die hohe Krone und Bedarf an starkem Schatten ist. Beschnittene Kastanien sehen meist häßlich aus. Das Holz ist schwammig bis weich, nicht besonders schwer, mit langer Faserung; es ist wenig haltbar und deshalb auch nicht wertvoll. Aus den Früchten können Farbstoffe gewonnen werden. Rinde und Früchte dienen in der Naturheilkunde der Verdauungsförderung und helfen gegen Wechselfieber oder äußerlich bei Hautkrankheiten; die Blüten werden zu kräftigenden Mitteln verarbeitet.

Stechpalme
Ilex aquifolium

oben Blüten
unten links Laub, rechts Früchte

10–15 m; Mai-Juni. **Merkmale:** Ein manchmal baumartiger, immergrüner Strauch, mit einem oder mehreren Stämmen aufrecht wachsend und dicht verzweigt; die Krone ist kegelförmig. Die kurzen jungen Triebe sind dicht behaart, später werden sie kahl. Starkes Ausschlagvermögen. Grüne Rinde, die lange ihre Färbung beibehält. Die dünne Borke ist dunkelgrau und rollt sich stellenweise ab. Die Stechpalme bildet Wurzelsprosse. Blatt: Die festen, ledrigen Blätter bleiben bis zu 3 Jahre am Strauch; Ober- und Unterseite sind glatt und glänzend grün. Grobform elliptisch-lanzettlich, der Blattrand ist mit 12–14 spitz-stacheligen Zähnen eingefaßt; im Bereich der Blüte kommen auch ganzrandige Blätter vor. Blüte: Die meist eingeschlechtigen Blüten sind auf verschiedene Pflanzen verteilt (zweihäusig). Mehrere Blüten bilden sich in den Achseln der einjährigen Blätter. Doppelt 4zählige Blütenhülle mit weißen Kronblättern; 4 Staubblätter und oberständiger Fruchtknoten. Frucht: Aus dem Fruchtknoten entwickelt sich eine glänzend rote, erbsengroße, 4kernige Steinfrucht; sie reift im Oktober und bleibt den Winter über, meist bis zum März, am Strauch. Ähnliche Arten: Keine.
Standort: Auf steinigen und lockeren Lehmböden der Buchen-Tannen- oder Buchenwälder, wo basen- und nährstoffreiche Versorgung gewährleistet ist; auch in Eichen-Hainbuchenwäldern zu sehen. Im Winter ist mildes und feuchtes Klima wichtig, im Sommer darf es nicht zu trocken sein. Stechpalmen gedeihen in halbschattiger bis schattiger Lage (Unterholz). Gerne auch in Gärten oder Parks verwendet.
Verbreitung: In Europa im Bereich des Atlantik, westliches und zentrales Mittelmeergebiet und in den Alpen. In Deutschland hauptsächlich im Norden und Nordwesten; fehlt im mittleren und südöstlichen Teil weithin; im Gebirge (Alpen) bis 1800 m.
Die sehr langsam wachsenden Stechpalmen können ein Alter von 300 Jahren erreichen; ihre Stämme sind dann bis zu 50 cm dick. Für Unterpflanzung und kleine Hecken geeignet. Sie bildet feinfaseriges Holz, das sich in der Kunstschreinerei gut verarbeiten läßt; es ist hart und zäh, erzeugt an den Händen keine Blasen und wird deshalb auch gerne zu Handgriffen für Werkzeuge verarbeitet. Die Blätter der Stechpalme sind heilsam bei Gicht und Krämpfen oder werden als Kräfigungsmittel eingesetzt. Die Samen werden von vielen Vögeln, besonders Drosseln, geschätzt und verbreitet. Für den Menschen sind die Früchte giftig.

Pfaffenhütchen, Spindelstrauch
Evonymus europaeus

oben Laub und Blüten
unten Früchte

2–6 m; Mai-Juli. **Merkmale:** Ein sommergrünes, reich verzweigtes Gehölz; wächst baum- oder strauchartig aufrecht und besitzt großes Ausschlagvermögen. Die jungen grünen Triebe sind oft vierkantig, später längsrissig, mit dunklerer Brauntönung. Das faserige Wurzelwerk des Pfaffenhütchens ist sehr dicht. Blatt: Länglich-ovale Blätter (5–8 cm), spitz zulaufend, dunkelgrün, mit gleichmäßig zart gesägtem Blattrand und kurzen Stielen. Blüte: Die kleinen gestielten Blüten erscheinen mit den Blättern und bilden 2–9blütige Trugdolden, die in den Blattachseln stehen; sie sind zwittrig oder eingeschlechtig. Die 4zählige Blütenhülle besteht aus grünen Kelchblättern und sehr schmalen, weiß-grünlichen Kronblättern; die sehr kurzen Staubblätter sitzen auf der Nektarscheibe, der Fruchtknoten ist oberständig. Frucht: Meist hängen mehrere Früchte an einem langen Stiel. Die Frucht besteht aus einer auffälligen, roten, 4lappigen Kapsel (von der Form einer Kardinalsmütze, was zum Namen geführt hat), die zur Reife die eiförmigen, orange umhüllten Samen hervortreten läßt. Reifezeit ist August bis Oktober. Ähnliche Arten: Das Breitblättrige Pfaffenhütchen *(E. latifolius)* unterscheidet sich durch meist 5zählige Blüten; es kommt selten in warmen Linden-Bergwäldern der Alpen und des Alpenvorlandes vor.

Standort: Kalkreiche Standorte mit fruchtbaren, feuchten Böden, am besten tiefgründig, mittelschwer bis lehmig, mit alkalischer Reaktion. Die Pflanze gedeiht an sonnigen Plätzen ebenso wie an halbschattigen. Kommt an Waldrändern vor, in Auen oder lichten Wäldern und wilden Hecken.

Verbreitung: Im gesamten Europa. In Mitteleuropa häufig und weit verbreitet, von den Tieflagen bis zu 1200 m Höhe in der Alpenregion.

Der Baum liefert ein sehr hartes Holz, das zum Instrumentenbau oder für Drechslerarbeiten verwendet wird. Die Bezeichnung Spindelstrauch kommt von der Verwendung des Holzes für Spindeln. Es eignet sich auch für die Herstellung von Zeichenkohle. Die Früchte des Pfaffenhütchens sind für den Menschen nicht genießbar, da Blätter, Rinde und Samen giftige Stoffe enthalten. Die Beeren werden hauptsächlich von Drosselarten verbreitet und sind für diese ein wichtiges Futter. An ungünstigen Standorten wird der Strauch oft bis zum Kahlfraß von Gespinstmotten befallen; der zweite Austrieb bleibt jedoch verschont, so daß die Pflanze kaum geschädigt wird. Da er Wirt der Schwarzen Rüben- und Bohnenlaus ist, sollte man den Strauch nicht in die Nähe von entsprechenden Kulturen pflanzen.

Buchsbaum
Buxus sempervirens

oben Laub und Blüten
unten Früchte

Bis 5 m; März/April. **Merkmale:** Ein immergrüner, breit und dicht verzweigter Strauch; wächst manchmal auch als kleiner Baum. Die jungen Triebe sind anfangs grün und behaart, später werden sie dunkeloliv, fest und kantig. Die Stämme haben eine graubraune, runzelige Rinde. Tiefwurzler mit dichtem, weitstreichenden Wurzelwerk. Blatt: Kleine, rundlich-ovale Blätter (bis 12 × 20 cm) mit glattem Rand stehen dicht aneinandergedrängt, gegenständig an den Zweigen. Sie sind ledrig und von dunklem Grün, etwas heller auf der Unterseite; ihr Stiel und die unterseitige Mittelrippe sind behaart. Blüte: Die weiß-gelblichen, achsel- oder endständigen Blüten sind unscheinbar; sie besitzen nur einen 4blättrigen Kelch, keine Krone; sie stehen zu Knäueln vereint. Die Gipfelblüte ist stets weiblich, die anderen Blüten sind männlich. Frucht: Die Früchte sind 7–8 mm lang und ledrig-runzelig. Zur Reife zerfallen sie in 3 zweifach gehörnte Teile, wobei die 3kantigen, schwarzen Samen frei werden. Reifezeit ist August/September. Ähnliche Arten: Keine.

Standort: Auf basenreichen, humosen, mittelgründigen, steinigen Lehmböden in wintermilder Klimalage. Selten, aber gesellig in Eichen-Buschwäldern, auch in Buchenwäldern an südexponierten Hängen. Halbschattenpflanze im Unterholz.

Verbreitung: Der Buchsbaum ist vor allem in Südeuropa verbreitet, wo er im Gebirge bis 2000 m hoch geht. Bei uns ist er auf die wärmeren Gebiete beschränkt (Mosel, Südbaden).

Buchs wächst sehr langsam und kann ein Alter von mehreren hundert Jahren erreichen. In Gärten ist der Buchs seit altersher beliebt, da er sich willig beschneiden läßt und daher für Beetumrandungen und Figuren geeignet ist. Auch als Unterwuchs ist er sehr geeignet. Das Holz ist dicht, elastisch und hart (hornartig). Es ist gelb und schwindet stark. Da es sich gut polieren läßt, wird es gerne für Drechsler- und Intarsienarbeiten verwendet; auch Maßstäbe, Schublehren, Kämme usw. werden daraus gefertigt. Aus den schön gemaserten Wurzelknollen werden Pfeifenköpfe gemacht. Alle Teile sind giftig. Die Samen werden durch Ameisen verbreitet.

Echter Kreuzdorn, Purgier-Kreuzdorn
Rhamnus catharticus

oben Laub
unten links Blüten, rechts Früchte

2–3 m; Mai-Juni. **Merkmale:** Ein sommergrüner, etwas sparriger Strauch mit kreuz-gegenständig verzweigten Sprossen (Name!). Die Spitzen der Zweige enden oft in Dornen. Geringer Stockausschlag; Absenker- und Wurzelsproßbildung. Stämme mit schwarzbrauner Ringelborke. Blatt: Die gestielten, eiförmigen Blätter (bis 7 × 4 cm) sind kurz zugespitzt, mit gesägtem Blattrand. Glatt-grüne Oberseite mit deutlicher Aderung; unterseits etwas heller, die Adern sind behaart. Blüte: Die sehr unscheinbaren, eingeschlechtlichen Blüten bilden Scheindolden; männliche und weibliche Blüten stehen auf einer Pflanze. Die doppelt 4zählige Blütenhülle weist nur sehr kleine, gelblich-grüne Kronblätter auf; die männlichen Blüten besitzen 4 Staubblätter, die weiblichen einen frei im Blütenbecher stehenden Fruchtknoten. Frucht: Eine kugelige Frucht, die 2–4 einsamige Steinkerne enthält; sie ist dunkelviolett und saftig. Die Reifezeit ist im September/Oktober. Ähnliche Arten: Kann mit Faulbaum (S. 140), Hartriegel (S. 150) oder Schlehe (S. 116) verwechselt werden.
Standort: Günstig sind der Sonne ausgesetzte, basen- und humusreiche Steinböden oder steinige Lehmböden. Der Kreuzdorn wächst in sonnigen Hecken, an Trockenbuschhängen, in Magerweiden, hellen Kiefern- und Laubmischwäldern, auch an Waldrändern. Er verträgt auf keinen Fall anhaltende Feuchtigkeit.
Verbreitung: Besonders im mittleren Europa verbreitet; hier von der Tiefebene bis in 1300 m Höhenlage.
Ein sehr langsam wachsendes Gehölz. Das Holz des Kreuzdorns ist fest und haltbar und auffällig gefärbt: gelblich-grauer Splint und rötlicher Kern. Es wird oft in der Möbelschreinerei verwendet. Auch das Holz des Wurzelstockes zeigt eine besonders schöne Zeichnung. Aus der Frucht wird Rhamnetin gewonnen, das wasserunlöslich ist und in Verbindung mit bestimmten Salzen verschiedene lichtechte Farben bildet. Unreife Beeren sind zur Herstellung von Saftgrün als Malerfarbe verwendbar. Die Früchte sind für den Menschen ungenießbar. Rinde und Früchte werden zu Abführdrogen verarbeitet; ein Sirup aus reifen Beeren hat die gleiche Wirkung. Im Kreuzdorn nisten viele Vogelarten; seine Früchte bieten ihnen Nahrung. Die Raupen des Zitronenfalters ernähren sich bevorzugt von Kreuzdorn- und FaulbaumBlättern.

Faulbaum
Frangula alnus

oben Laub
unten links Blüten, rechts Früchte

1,5–7 m; Mai-August. **Merkmale:** Ein sommergrünes, strauchig oder als Baum wachsendes Kreuzdorngewächs von meist spirrlicher Gestalt. Die jungen Triebe sind anfangs behaart, später glatt. Starker, senkrecht in die Höhe wachsender Stockausschlag. Dünne, graubraune, längsrissige Borke; die Rinde riecht faulig (Name!). Es wird leicht Wurzelbrut gebildet. Blatt: Breite, elliptische Blätter (bis 6 × 4 cm) mit Stiel, glattem Rand, in wechselständiger Anordnung. Auf der Ober- und Unterseite entlang den deutlich sichtbaren Blattnerven behaart. Blüte: Die unauffälligen Blüten sind zwittrig und stehen zu 3–7 in den Blattachseln. Doppelt 5zählige Blütenhülle: In einem glockigen Blütenbecher sitzt der grüne Kelch; sehr kleine weiße Kronblätter; der Fruchtknoten steht frei im Blütenbecher. Frucht: Aus dem Fruchtknoten entsteht eine kleine, zunächst rote, dann schwarze, saftige Steinfrucht mit 2–3 Kernen; sie reift zwischen Juli und Oktober. Ähnliche Arten: Kreuzdorn (S. 138), Hartriegel (S. 150), Schlehe (S. 116).
Standort: Auf tiefgründigen Lehm-, Torf-, Ton- oder Sandböden, die wechselfeucht bzw. staunaß oder sumpfig sein dürfen. Gewissermaßen das ökologische Gegenstück zum nah verwandten Kreuzdorn. Dem Faulbaum begegnet man in Auwäldern, Erlenbrüchen, Birkenmooren. Er wächst auch in lichten Nadel- oder Laubmischwäldern. Eine Pflanze der Niederungen und feuchten Ufer. Er verträgt schattige Plätze genauso wie sonnige Standorte.
Verbreitung: In Europa allgemein verbreitet, fehlt aber in Nordskandinavien und auf den Mittelmeerinseln. In Mitteleuropa vom Tiefland bis in mittlere Gebirgslagen, in den Alpen bis 1000 m Höhe.
Der Faulbaum wächst rasch, und er eignet sich zur Begrünung feuchter Flächen; er leidet kaum unter Abgasen und Wildverbiß, wird aber häufig von Böcken verfegt. Sein Holz ist weich und leicht; man stellt daraus Spazier- oder Schirmstöcke her. Die Rinde enthält einen färbenden Stoff. In der Naturheilkunde verwendet man Drogen aus getrockneten Früchten und Rinde als abführendes Mittel. Die Früchte werden von den Vögeln verbreitet und dienen ihnen als Futter.

Sommer-Linde
Tilia platyphyllos

oben links Laub

Bis 40 m; Juni. **Merkmale:** Stattlicher, sommergrüner Baum mit kegelförmig breiter, sehr gleichmäßiger, dichter Krone und kurzem, starkem Stamm. Insgesamt wesentlich stärker als die ähnliche Winter-Linde. Es seien hier nur die wichtigsten Unterscheidungsmerkmale genannt und im übrigen auf die Beschreibung der Winter-Linde verwiesen: <u>Blätter</u> im Durchschnitt größer und unterseits, vor allem auf den Nerven rauhhaarig (nicht weichhaarig), Haarbüschel in den Nervenwinkeln weiß (nicht rotbraun), Blattstiel behaart (nicht kahl); <u>Blüten</u>stand 2–5blütig (nicht 3–10blütig); <u>Frucht</u> dickwandig, mit 4–5 deutlichen Längsrippen (Winter-Linde: dünnwandig, mit 2–3 undeutlichen Längsrippen); Endgröße bis 40 m (Winter-Linde: 25–30 m), außerdem blüht die Sommer-Linde meist einige Wochen vor der Winter-Linde. Sie bevorzugt ozeanisches Klima und braucht viel Licht. <u>Ähnliche Arten:</u> Als Ziergehölze ziemlich häufig: <u>Silber-Linde</u> *(T. tomentosa)*, <u>Krim-Linde</u> *(T. × euchlora)* und <u>Amerikanische Linde</u> *(T. americana)*.

Winter-Linde
Tilia cordata

oben rechts Blüten
unten links Früchte, rechts Rinde

25–30 m; Juni-Juli. **Merkmale:** Vergleiche vorige Art! Ein großer, sommergrüner Baum mit sich weit ausbreitender Krone. Am kurzen, dicken Stamm oft knollenartige Auswüchse. Großes Ausschlagvermögen. Die Rinde bildet erst sehr spät eine rissige, dicht gerippte Borke. Pfahlwurzeln; im Alter bilden sich Herz- und Seitenwurzeln, die tief in den Boden eindringen und sich weit ausbreiten. <u>Blatt:</u> Rundlich-herzförmig, mit kurzer Spitze und an den Rändern scharf gesägt. Unterseite blaugrün. <u>Blüte:</u> Wohlriechende, gelblich-weiße Zwitterblüten, deren gemeinsamer Stiel mit einem lanzettlichen, hellgrünen Hochblatt verwachsen ist. Blütenhülle 5zählig, mit langen weißen Kelchblättern und gelblich-weißen Kronblättern. <u>Frucht:</u> Die 6 cm dicke, kugelförmige Frucht schließt einen Samen ein, der im September reif wird. <u>Ähnliche Arten:</u> Siehe vorige Art. **Standort:** Frische, nährstoffreiche, tiefgründige und lockere, lehmige Böden, schwach sauer oder neutral; keine besonderen Ansprüche an den Feuchtigkeitsgehalt des Bodens. Anspruchsloser als die Sommer-Linde. Bevorzugt nordisch-kontinentales Klima. In Eichen- und Eichen-Hainbuchenwäldern, Auwäldern oder Ahorn-Eschen-Hangwäldern. **Verbreitung:** Ursprünglich in Osteuropa beheimatet; die Verbreitung erstreckt sich heute bis Skandinavien, England, die Atlantikküste und Nordostspanien. Bildet allerdings nur in Osteuropa Wälder. Von den Tiefebenen bis 1500 m.

Kann bis 1000 Jahre alt werden. Früher der typische Baum im Dorfzentrum. Heute »Verkehrsbegleitgrün«. Das Laub wirkt stark bodenverbessernd, das Wurzelwerk bodenbefestigend. Linden werden daher als Uferbefestiger und zur Begrünung von Halden eingesetzt. Das <u>Holz</u> ist weich, zäh und biegsam, aber härter als das der Sommer-Linde. Durch seine schweißtreibende Wirkung hilft Lindenblütentee gegen Erkältungen. Linden bieten reichlich Blatt- und Blütenhonig; der Nektar ist besonders zuckerhaltig.

Seidelbast
Daphne mezereum

geschützt; oben Blüten
unten links Laub, rechts Früchte

0,5–1 m; Februar-April. **Merkmale:** Ein aufrechter, sommergrüner Strauch mit graubraunen, silbrig behaarten Jungtrieben und nicht sehr ausgeprägter Verzweigung. Blatt: Die schmalen, länglich-lanzettlichen Blätter (4–8 cm) bilden rosettenähnliche Büschel an den Zweigen. Das Blatt ist ganzrandig, mit feiner Nervenzeichnung; oberseits hellgrün, an der Unterseite bläulich überhaucht. Blüte: Die kelchförmigen, sehr intensiv duftenden Blüten erscheinen an den vorjährigen Zweigen noch vor den ersten Blättern. Sie besitzen keine Krone und bestehen aus einer 5–7 mm langen rosaroten Kelchröhre, die in 4 Zipfeln endet, 8 kürzeren Staubblättern und oberständigem Fruchtknoten. Sie sitzen in Dreiergruppen beieinander. Frucht: Aus dem Fruchtknoten entwickelt sich eine einkernige Steinfrucht, etwas größer als eine Erbse, kugelig und glänzend rot, die im August/September reif wird. Ähnliche Arten: Keine. **Standort:** Der Seidelbast bevorzugt Lehm- oder Mullböden, die reich an Nährstoffen, Humus und Basen sind, auch mit kalkhaltigem Untergrund. Er kommt in Buchen-, Eichen-Hainbuchen-, Auen- und sogar Nadelwäldern vor oder ist vergesellschaftet mit verschiedenen Hochstauden.
Verbreitung: In Europa lückenhaft verbreitet; in Mitteleuropa im Hügel- und Bergland weit verbreitet, in den Alpen bis 2000 m; fehlt im nordwestdeutschen Tiefland.
Der Seidelbast ist eine giftige Pflanze, die Rinde enthält Daphnetoxin, die Früchte Mezerein. Die Samen werden von Vögeln verbreitet.

Sanddorn
Hippophae rhamnoides

oben links Laub, rechts männliche Blüten
unten Früchte

1–4 m; März-April. **Merkmale:** Ein kleiner, maximal 10 m hoher, sommergrüner Baum, meistens aber in Strauchform vorkommend; mit dornig bewehrten Zweigen; oft sparriger, aber reich verzweigter Wuchs. Die Jungtriebe sind schuppig silbergrau. Sprosse und Seitensprosse enden in Dornen. Graubraune, längsrissige Borke. Das Wurzelwerk dehnt sich sehr weit aus und bildet viel Wurzelbrut. Bei den weiblichen Pflanzen rundliche, bei den männlichen längliche Winterknospen mit rostroten Schuppen. Die Knospen der männlichen Pflanze stehen dichtgedrängt am Ende der Triebe; bei den weiblichen stehen die Knospen lockerer. Blatt: Sehr schmale, linealische Blätter (bis 6 × 1 cm), ober- und unerseits mattgrün mit silbrigem Glanz, sehr kurz gestielt und wechselständig angeordnet. Blüte: Die bräunlichen, sehr unscheinbaren männlichen und weiblichen Blüten sind auf verschiedene Pflanzen verteilt (zweihäusig); sie erscheinen vor den Blättern an den Zweigen vom Vorjahr. Männliche Blüten sitzen in kurzen Trauben beieinander; weibliche Blüten einzeln, mit kurzem Stiel. Der Fruchtknoten wird von einer Kelchröhre umhüllt. Frucht: Die kleinen, hagebuttenähnlichen Früchte sind orange, sehr sauer, saftig und eßbar; sie enthalten besonders viele Vitamine; Reifezeit ist August/September. Ähnliche Arten: Die nah verwandte Ölweide *(Eleagnus angustifolia)* und die Silber-Ölweide *(E. commutata)* werden als Ziersträucher (auch baumartig) gepflanzt.

Standort: Die Böden müssen locker, gut durchlüftet und humusarm sein. Er gedeiht gut auf gleichmäßig feuchten, kiesigen Ton-Sand-Böden, wo er Grundwasser erreichen kann; auch kalkreiche Böden werden besiedelt; er ist sehr lichtbedürftig. Wächst am Ufer größerer Flüsse, auf flußbegleitenden Schotterflächen, in den Dünen von Nord- und Ostsee. In lichten Kiefernwäldern ist der Sanddorn ebenso zu Hause wie in Kiesgruben.

Verbreitung: In Europa von der Ebene bis ins Hochgebirge vorkommend. Die Schwerpunkte der Verbreitung erstrecken sich auf die mitteleuropäischen Gebirgsregionen sowie auf die Küstengebiete. In den Alpen bis in Höhenlagen von 1900 m zu finden.

Sanddorn ist ein wichtiges Pioniergehölz zur Bindung sandig-kiesiger Böden und Halden. Im Dünenschutz spielt er eine ebenso wichtige Rolle wie auf Schotterflächen von Gebirgsflüssen. Sanddorn leidet stark unter Wildverbiß. Die weiblichen Sträucher tragen zahlreiche Früchte. Das schwere, glatte Holz kann für Drechslerarbeiten verwendet werden. Es enthält Stoffe, die zum Blaufärben geeignet sind. Aus den Früchten kann man Marmelade oder Saft herstellen; besonders hoher Gehalt an Vitamin A und C. Der Sanddorn bietet vielen Vögeln Schutz, seine Früchte dienen den Vögeln als Nahrung. Die dekorativen Früchte hängen meist lange am Strauch.

Efeu
Hedera helix

oben links Laub an nichtblühendem Klettersproß
oben rechts Blüten, unten Früchte

Bis 20 m; September/Oktober. **Merkmale:** Ein immergrüner, kriechender oder kletternder Strauch; als Klettergerüst benutzt er Bäume oder Felsen. Er bildet 2 Sproßarten aus: Blütensprosse bilden keine Haftwurzeln; sie stehen ab oder hängen über. Die Kletter- oder Kriechsprosse sind anfangs flach, unterseits mit Haftwurzeln besetzt (allseits beschattete Sprosse sind rundum bewurzelt). Blatt: An den Blütensprossen sitzen ungeteilte, ganzrandige, länglich-ovale Bätter; ihre Oberseite ist glänzend dunkelgrün, mit heller, zarter Aderung; unterseits viel heller. An den Klettersprossen werden 3–5lappige Blätter von unterschiedlicher Größe gebildet, zum Teil lang gestielt; an der Oberseite sind sie dunkelgrün, manchmal bräunlich gefleckt, mit hellen Nervenlinien; die Unterseite ist wesentlich heller. Blüte: Die zwittrigen, deutlich gestielten, gelbgrünen Blüten stehen in endständigen, kugeliegen Dolden zusammen. Blüte 5zählig, mit unscheinbarem Kelch, sternförmig ausgebreiteten Kronblättern, 5 kurzen Staubblättern sowie halbunterständigem Fruchtknoten mit auffälliger Nektarscheibe zwischen Staubblättern und Griffel. Frucht: Eine runde, blauschwarze Steinfrucht mit mehligem Fruchtfleisch, etwas größer als eine Erbse; sie enthält 1 Steinkern, der mit seiner dünnen Schale die braunen, runzeligen Samen schützt. Reifezeit ist erst im Jahr nach der Blüte, vom Februar bis April. Ähnliche Arten: Keine.
Standort: Efeu gedeiht gut auf feuchten Lehm- oder Mullböden mit ausreichendem Nährstoffgehalt. Er braucht milde Winter (oder Schneebedeckung) und genügend Luftfeuchte, da er sonst an Frosttrockenheit leidet. Man findet den Efeu in Auwäldern, Buchen-, Eichen- und Laubmischwäldern.
Verbreitung: Hauptsächlich im Westen und Süden Europas verbreitet; in den Mittelgebirgen bis etwa 800 m zu finden, in den Nordalpen bis 1200 m.
Der Efeu ist der einzige bei uns beheimatete Wurzelkletterer. Außergewöhnlich ist auch seine Blütezeit; seine Blüten sind ein wichtiger Nektarlieferant für Insekten im Herbst. Die Pflanze kann ein Alter von über 100 Jahren erreichen und dabei kräftige Stämme bilden. Efeu wird oft zur Begrünung von Mauern gepflanzt. Als Bodendecker in halbschattiger Lage leistet er hervorragende Dienste und kann große Flächen bedecken. Efeu enthält in allen Teilen Saponine, ist daher giftig. Verbreitung der Früchte durch die Vögel.

Hartriegel
Cornus sanguinea

oben Blütenstände und Laub
unten Früchte

2–5 m; Mai-Juni. **Merkmale:** Ein sommergrüner, reich verzweigter Strauch oder kleiner Baum mit ausgebreiteter Krone, der relativ dicke Äste und Stämme bildet. Die grünen Jungtriebe sind weich behaart und an der Sonnenseite meist kräftig rötlich überhaucht. Auffallend ist die tiefrote Färbung der Zweige im Winter. Starker Stockausschlag und Ausbreitung durch Absenker und Wurzelausläufer. Die graubraune Borke ist längsrissig und dünn. Der Boden wird durch das dichte Faserwurzelsystem gut erschlossen. Blatt: Gestielte Blätter (10 cm) mit ovaler, spitz zulaufender Blattform und glattem Rand; oberseits dunkelgrün, mit feiner heller Aderzeichnung; die Unterseite ist heller, mit behaarter Aderung. Die Blätter färben sich im Herbst intensiv weinrot. Blüte: Zahlreiche zwittrige, wohlriechende Blüten stehen in endständigen Schirmrispen zusammen. Die 4zählige Blütenhülle besteht aus weißen, linealischen Kronblättern; lange Staubblätter und unterständiger Fruchtknoten. Frucht: Die schwarzblauen Steinfrüchte sind kugelig und erbsengroß; sie enthalten einen glatten, 2samigen Steinkern der im September reift. Ähnliche Arten: Kornelkirsche (S. 152) und Kreuzdorn (S. 138). In Norddeutschland auch der Schwedische Hartriegel *(C. suecica)*. Als Ziersträucher Vertreter des Weißen Hartriegels *(C. alba)*.
Standort: Der Hartriegel ist auf nährstoff- und basenreiche Lehmböden mit genügend Humus angewiesen; man trifft ihn in Auwäldern, Gebüschen, hellen Buchen- und Hainbuchenwäldern mit viel Unterwuchs oder in Saumgesellschaften; auch am Ufer von Bächen oder Teichen.
Verbreitung: In Europa weit verbreitet und häufig; in Mitteleuropa vom Tiefland bis in Höhen von 1500 m (Alpen).
Hartriegel wächst langsam. An schnell fließenden Gewässern und zur Begrünung von Schuttflächen ist er gut geeignet. Er ist gegen Abgase und Wildverbiß wenig empfindlich. Sein Holz ist wertvoll und wird für Drechslerarbeiten gerne verwendet. Die Früchte sind ungiftig, aber für den Menschen nicht genießbar; sie enthalten bis zu 30% Öl. Die Samen werden von den Vögeln verbreitet und dienen ihnen als Futter. Für die Bienen eine wichtige Trachtpflanze.

Kornelkirsche
Cornus mas

oben Blüten
unten links Laub, rechts Früchte

3–6 m; März-April. **Merkmale:** Die sommergrüne Kornelkirsche wächst baum- oder strauchartig. Die Krone aus dichtstehenden Zweigen wirkt rundlich und locker; zum Teil überhängende Zweige. Die jungen, grünlich behaarten Triebe verkahlen später. Graubraune, in Schuppen abblätternde Borke am Stamm und an den dicken Ästen. Die Kornelkirsche bildet ein dichtes Faserwurzelwerk und neigt zu starkem Wurzelausschlag. Blatt: Eiförmige, spitz zulaufende, relativ kurzstielige Blätter (4–10 m), ganzrandig, in gegenständiger Anordnung. Oberseits glänzend hellgrün, mit 3–5 dunkleren, auffällig bogenförmigen Nervenlinien; beidseitig dünn behaart – auf der helleren Unterseite vor allem in den Winkeln der Adern. Blüte: Die kleinen, aber dicht stehenden goldgelben Blüten bilden bereits vor dem Laubaustrieb an den Triebspitzen auffallende Schirmrispen. Die zwittrigen Blüten besitzen eine 4zählige, doppelte Blütenhülle mit gelben Kronblättern; unterständiger Fruchtknoten. Frucht: Kirschrote, saure Steinfrüchte (2 cm), die eßbar sind; sie schließen einen länglichen, 2samigen Kern ein. Die Frucht reift im August/September. Ähnliche Arten: Siehe Hartriegel (S. 150).
Standort: Bevorzugt alkalische Bodenreaktion und braucht lockere, humusreiche Böden mit mäßigem Feuchtigkeitsgehalt; gedeiht besonders in Gegenden mit warmem Klima oder an Südhängen mit viel Sonne, auch auf felsigem Grund. An trockeneren Standorten steigt der Anspruch an den Kalkgehalt. Oft an Waldrändern oder als Unterholz in trockenen Laubwäldern und Gebüschen. Wird in Gärten als Heckenpflanze eingesetzt.
Verbreitung: In Mittel- und Südeuropa weit verbreitet. Kommt bei uns häufig im Gebiet um Mosel und Saar, im niedersächsischen Hügelland, im Harz, in Thüringen und im Fränkischen Jura vor. Geht in den Südalpen bis in Höhenlagen von 1300 m.
Ein ziemlich langsam wachsender Strauch, der sich gut zur Anpflanzung von Hecken und zur Begrünung von Straßenböschungen und Schuttflächen eignet. Das Holz ist schwer und zäh, eines der schwersten unserer heimischen Hölzer; es wird für Drechslerarbeiten besonders geschätzt. Die Früchte schmecken sauer, aber gut; sie sind reich an Vitamin C; man verwendet sie für Marmelade, Liköre und Süßmost. Sie werden auf Märkten im Südosten Europas oft verkauft. Die Kornelkirsche blüht sehr früh und ist mancherorts schon ab Februar ein wichtiger Pollenlieferant für die Bienen; für Wild und Vögel sind die Früchte im Winter eine wichtige Nahrung.

Rosmarinheide
Andromeda polifolia

RL 3; oben links Blüten, rechts Früchte

10–30 cm; Mai-August; **Merkmale:** Ein schwach verzweigter, wintergrüner Zwergstrauch mit kriechender Achse und aufrechten Sprossen. Blatt: Die schmalen Blätter (30 × 4 mm) sind ledrig, mit meist eingerolltem Blattrand, oberseits dunkelgrün, unterseits silbrig bis hellbläulich. Sie erinnern an die des Rosmarins (Name!). Sie werden 2 Jahre alt. Blüte: Die hängenden Blüten bestehen aus einem unscheinbaren Kelch, 5 miteinander verwachsenen, rosa Kronblättern, 10 Staubblättern und einem 5teiligen Fruchtknoten. Frucht: 5fächrige Kapseln mit eiförmigen Samen; sie reifen im September/Oktober. Ähnliche Arten: Keine. **Standort:** Hochmoore; nasse, nährstoffarme, saure Torfböden. **Verbreitung:** Mittel- und Nordeuropa, im Süden nur im Gebirge. In Deutschland vor allem im Norddeutschen Tiefland und im Alpenbereich, dazwischen weithin fehlend.

Diese hübsche Pflanze ist bei uns ein Eiszeitrelikt, das an die Lebensbedingungen im Hochmoor durch seine verdunstungsgeschützten Blätter angepaßt ist. Die Rosmarinheide, auch Lavendelheide oder Gränke genannt, ist in allen Teilen giftig.

Krähenbeere
Empetrum nigrum

unten Laub und Früchte

30–50 cm; April-Juni. **Merkmale:** Immergrüner, teppichbildender Zwergstrauch mit kriechenden, bogig aufsteigenden Sprossen. Die Rinde löst sich im 2. Jahr. Blatt: Nadelförmig (4 × 1 mm) und an den Blatträndern eingerollt, oberseits glänzend tiefgrün. Die Blätter sterben nach 2 Jahren ab. Blüte: Unscheinbar, ein- oder zweigeschlechtig, Pflanzen ein- oder zweihäusig; doppelte Blütenhülle 2–3zählig, Kronblätter und Staubblätter rot. Frucht: 6–8 mm große, schwarzglänzende Steinfrucht mit 6–9 Kernen; Fruchtreife August/September. Ähnliche Arten: Keine. **Standort:** Frisch-feuchte, nährstoff- und basenarme, saure, humose Stein-, Sand- oder Torfböden bei feuchter Klimalage. Moorheiden, Kiefernmoore, Zwergstrauchgestrüpp der Gebirge, Küstendünen. **Verbreitung:** Nord- und Mitteleuropa, im Süden nur im Gebirge (Pyrenäen). In Deutschland zwei Rassen: eine in Küstennähe und in den Mittelgebirgen, die andere in den Alpen zwischen 1700 und 3000 m. Während die Tiefland-Rasse im Jahr bis zu 20 cm wachsen kann, nimmt die Alpen-Rasse jährlich nur um 1–2 cm zu. Unterschiedie bestehen auch hinsichtlich der Häusigkeit: in den Alpen vor allem einhäusig mit zwittrigen Blüten, sonst eher zweihäusig. Die Früchte werden in Nordeuropa roh und als Gelee gegessen; die der Alpenpflanzen schmecken bitter.

Heidelbeere
Vaccinium myrtillus

oben Blüten
unten links Laub, rechts Früchte

15–50 cm; Mai-Juni. **Merkmale:** Sommergrüner, verzweigter Zwergstrauch mit weitreichender, unterirdischer Sproßachse. Die jungen Triebe sind kantig bis geflügelt. Bis 1 m tief wurzelnder Wurzelkriecher. Blatt: Oval-zugespitzt (2 × 1 cm), mit gesägtem Blattrand. Blüte: Einzeln in Blattachseln, hängend, krugförmig, mit 5 roten, verwachsenen Kronblättern. Frucht: Die bekannten Blau- oder Heidelbeeren mit gefärbtem Saft und 1 mm großen Samen. Reifezeit Juli bis September. Ähnliche Arten: Rauschbeere (S. 158).
Standort: Sandig-steinige Lehmböden und Torfböden, nährstoff- und basenarm, aber nicht zu trocken; in luftfeuchter Klimalage; Halbschattenpflanze; spätfrostempfindlich. Gesellig in artenrmen Laub- und Nadelwäldern (Gebirgs-Fichtenwäldern), Moor- und Bergheiden.
Verbreitung: Ganz Europa, außer den südlichsten Teilen. In den Alpen bis 2800 m ansteigend.

Die Früchte gehören zu den begehrtesten Wildfrüchten und werden von Sammlern mit Kämmen abgestreift, was den Sträuchern schadet. Sie sind reich an Vitamin C und enthalten bis zu 5 % Zucker. Die nektarreichen Blüten locken viele Insekten an.

Rauschbeere
Vaccinium uliginosum

oben Blüten
unten Früchte

20–90 cm; Mai-Juli. **Merkmale:** Ein kniehoher, reich verzweigter Strauch. Wurzelkriecher. Blatt: Im Gegensatz zur ähnlichen Heidelbeere (vgl. vorige Doppelseite) sind die Blätter der Rauschbeere verkehrt-eiförmig, mit stumpfem, allenfalls kurz bespitzten Ende. Auch sind sie oberseits mattgrün (nicht glänzend) und unterseits charakteristisch hell blaugrün. Herbstfärbung gelb bis orangerot. Blüte: 4–5zählig, mit sehr kleinem Kelch und krugförmiger, rosa Krone; die 8–10 Staubblätter ragen nicht vor. Frucht: Die Früchte sind Heidelbeeren sehr ähnlich und schmecken auch so. Ihr Fruchtsaft ist aber farblos. Fruchtreife Juli bis September. Ähnliche Arten: Heidelbeere.
Standort: Auf frisch-nassen, nährstoff- und basenarmen, sauer-humosen Stein- und Torfböden. In Kiefern- und Birkenmooren, im Legföhren- und subalpinen Zwergstrauchgestrüpp.
Verbreitung: Ganz Europa ohne äußersten Süden. In Deutschland ähnlich verbreitet wie die Rosmarinheide: im Norddeutschen Tiefland und in den Alpen (bis 2400 m), dazwischen weithin fehlend.
Über Geschmack und Wirkung der Rauschbeeren gehen die Meinungen weit auseinander. Vielfach werden sie genauso wie Heidelbeeren und oft mit diesen gemeinsam verzehrt. Vergiftungserscheinungen treten – wenn überhaupt – sicher erst nach dem Verzehr großer Mengen auf. Die Rauschbeere (auch Moorbeere genannt, was aber zu Verwechslungen mit der Moosbeere führen kann) ist wie die Rosmarinheide ein Eiszeitrelikt und durch Vernichtung ihrer Standorte bedroht.

Preiselbeere
Vaccinium vitis-idaea

oben links Laub, rechts Blüten
unten Früchte

10–30 cm; Mai-September. **Merkmale:** Ein immergrüner Zwergstrauch, dessen aufrechte Sprosse einer schuppig beblätterten, kriechenden Grundachse entspringen. Die jüngeren Triebe sind filzig behaart. Bis 1 m tief wurzelnde Rohhumuspflanze. Blatt: Die ledrigen Blätter haben eine Lebensdauer von 3 Jahren. Sie sind verkehrt-eiförmig bis elliptisch (2 × 1 cm), oberseits glänzend dunkelgrün, unterseits graugrün. Blüte: Die weißen, glockenförmigen Blüten bilden endständige, nickende Trauben. Die doppelte Blütenhülle ist 5zählig. Frucht: 5–8 mm große rote Beeren mit mehligem Fruchtfleisch. Reifezeit ist August bis Oktober. Ähnliche Arten: Frucht ähnlich der Moosbeere *(V. oxycoccus).*

Standort: Saure, nicht zu nasse Rohhumusböden. In Kiefernwäldern, Heiden und Mooren; in den Alpen (bis 2300 m) im Legföhrengürtel und in subalpinen Zwergstrauchheiden.

Verbreitung: Ganz Europa ohne den äußersten Süden; in Deutschland vom Norddeutschen Tiefland bis in die Alpen.

Die Früchte enthalten neben Gerb- und Fruchtsäuren bis zu 7% Zucker. Sie werden zu schmackhaften Marmeladen, Wein und Schnaps verarbeitet. Vögel tragen zur Verbreitung bei.

Heidekraut, Besenheide
Calluna vulgaris

oben Laub und Blüten

20–80 cm; August-September. **Merkmale:** Immergrüner, dicht verzweigter Zwergstrauch. Blatt: Schuppenförmig, dachziegelig in 4 Reihen angeordnet. Blüte: In einseitswendiger Doppeltraube. Glockenförmige Blüten mit grünem Außenkelch, rosa Kelch mit Kronblattfunktion und kurzen Kronblättern. Frucht: Kleine, vom Kelch eingehüllte Fruchtkapseln, die sich 5klappig öffnen; Reife September/Oktober. Ähnliche Arten: Neben den 3 hier beschriebenen Arten kommt im holländischen Grenzgebiet noch die seltene Grau-Heide *(Erica cinerea)* vor. **Standort:** Auf kalk- und nährstoffarmen, sandig-steinigen oder torfigen Böden. Im ozeanischen Klimabereich ebenso wie in Gebirgen bis über die Baumgrenze. Die Heide ist etwas frostempfindlich, aber windhart. **Verbreitung:** In ganz Europa von den Azoren bis zum Ural, fehlt aber im südlichen Mittelmeergebiet. In Mitteleuropa stellenweise bestandsbildend und landschaftsprägend (Lüneburger Heide); in den Alpen bis 2700 m Höhe. In lichten Eichen- oder Kiefernwäldern, auf Magerweiden, an Rainen, auf Felsen und in Hochmooren.
Sehr wichtig zur Begrünung nährstoffarmer Böden. Dichte Bestände durch Beweidung mit Heidschnucken oder 4jährige Mahd. Liefert im Spätsommer Heidehonig.

Glocken-Heide, Moorheide
Erica tetralix

unten links Laub und Blüten

15–50 cm; Juni-September. **Merkmale:** Ähnlich dem Heidekraut. Blatt: Nadelförmig, 3–4quirlig, steifhaarig bewimpert. Blüte: Doldig angeordnet, ohne Außenkelch, Kronblätter krugförmig verwachsen, Staubblätter die Blüte nicht überragend. Frucht: Kleine, 8eckige Kapselfrüchte, von der vertrockneten Kronröhre umhüllt; Fruchtreife August bis Oktober. Ähnliche Arten: Siehe Heidekraut. **Standort:** Nasse, saure Torf- und Sandböden. Heidemoore. **Verbreitung:** Westeuropa (atlantisch) bis Südschweden. Bei uns vor allem im Norddeutschen Tiefland; weiter südlich nur zerstreut, eingeschleppt oder eingewandert.

Schnee-Heide
Erica herbacea

unten rechts Laub und Blüten

15–30 cm; Januar-April. **Merkmale:** Ähnlich Glocken-Heide. Blatt: Kahl, spitz. Blüte: In einseitswendiger Traube, Staubblätter hervorragend. Frucht: Von Krone umhüllte Kapseln, die sich 4klappig öffnen. Ähnliche Arten: Siehe Heidekraut. **Standort:** Sonnige, kalkreiche Kiefern- und Legföhrenbestände des Alpenvorlandes und Hochgebirges. **Verbreitung:** Alpen (bis 2300 m Höhe) bis Bayerischer Wald, Vogtland, Frankenjura.
Häufig (auf Gräbern) gepflanzte winterblühende Art.

Esche
Fraxinus excelsior

oben links Laub, rechts Blüten
unten links Früchte, rechts Rinde

25–40 m; Mai. **Merkmale:** Ein stattlicher, sommergrüner Baum mit lockerer, meist ovaler Krone und aufrecht wachsendem, oft sehr langem Stamm. Die Rinde der leicht abgeflachten jungen Triebe ist anfangs olivgrün und mit Korkwarzen besetzt, später wird sie grau. Auffallend ist der Gegensatz der schwarzen Winterknospen zur olivbraunen Rinde. Die Borke ist längsrissig, mit groben Rippen, sehr dunkel bis grauschwarz. Das Wurzelwerk der Esche breitet sich flach und ziemlich weit aus, nur die Pfahlwurzel dringt in die unteren Bodenschichten ein. Ein Herzwurzler mit vielen Seiten- und Faserwurzeln. Starker Stockausschlag in der Jugend. Blatt: Unpaarig gefiederte Blätter (25–30 cm) in gegenständiger Anordnung mit bis zu 6 Fiederpaaren. Die einzelnen Fiedern sind lanzettförmig und laufen spitz zu; gesägter Blattrand. Unterseits mit feiner Behaarung, oberseits glatt. Die Eschenblätter behalten ihre dunkelgrüne Farbe bis in den Herbst und fallen meist mit nur leichter Gelbfärbung ab. Im Frühjahr gehören Eschen zu den am spätesten austreibenden Gehölzen. Blüte: Seitenständige, büschelige Rispen mit dunkelroten bis violetten Staubbeuteln erscheinen noch vor den Blättern. Die Blüten sind ein- oder zweigeschlechtig. Männliche Blüten erkennt man an den 2 Staubblättern; die weiblichen besitzen 2 sterile Staubblätter und einen oberständigen Fruchtknoten. Frucht: Geflügelte, nußähnliche Früchte; sie reifen im September/Oktober, bleiben aber noch bis weit ins Frühjahr hinein am Baum hängen. Es werden meist nur alle 2 Jahre Früchte gebildet. Ähnliche Arten: Als Zierbäume werden angepflanzt: die Blumen- oder Manna-Esche *(F. ornus)*, die Schmalblättrige Esche *(F. angustifolius)*, die Weiß-Esche *(F. americana)* und die Pennsylvanische Esche *(F. pennsylvanica)*. Das Laub der Esche hat Ähnlichkeit mit dem der Eberesche (s. S. 96).

Standort: Auf sickerfeuchten, nährstoff- und basenreichen, durchlüfteten Ton- und Lehmböden; gerne in Gegenden mit hoher Luftfeuchte. Die Esche ist in Auen- und Schluchtwäldern oft bestandsbildend; außerdem in Laubmischwäldern, häufig am Rande von fließenden Gewässern.

Verbreitung: In Europa allgemein verbreitet, fehlt nur im äußersten Süden. Bei uns von der Ebene bis in mittlere Gebirgslagen (1200–1400 m).

Die junge Esche wächst besonders schnell; sie blüht mit 15–20 Jahren zum ersten Mal; ihr Höchstalter ist auf etwa 200 Jahre beschränkt. Der Stamm kann dabei bis zu 1 m dick werden und bis in 15 m Höhe astlos sein. Sie ist ein guter Uferbefestiger, dessen Wurzelwerk Auskolkungen verhindert. In der Jugend wächst sie willig auf Schutthalden. Ihr Laub wirkt bodenverbessernd. Gegen Abgase ist sie empfindlich. Ihr wertvolles, schön gemasertes Holz ist wichtig für die Möbelschreinerei. Es ist hart, zäh und schwer und besitzt einen hohen Brennwert. Aus dem sehr elastischen Holz werden auch Sportgeräte oder Leitern hergestellt. Die getrockneten Blätter der Esche werden gegen Gicht, Rheuma und Wassersucht verwendet; die Rinde soll Fieber senken, Würmer vertreiben oder als Abführmittel helfen.

Liguster, Rainweide
Ligustrum vulgare

oben Blüten
unten links Laub, rechts Früchte

2–7 m; Juni-Juli. **Merkmale:** Ein aufrecht wachsender, sommergrüner Strauch mit weit verzweigten Ästen. Die jungen Zweige mit den winzigen Korkwarzen sind anfangs dünn behaart; ihre Rinde wird später glatt und graubraun. Besonders intensive Durchwurzelung des Bodens. Blatt: Sehr kurz gestielte Blätter (3–7 cm), linealisch-lanzettlich, in gegenständiger Anordnung; beidseitig glatt, oberseits ein etwas dunkleres Grün; glattrandig. Der Strauch ist bis in den Winter hinein belaubt. Blüte: Mehrere kleine, weiße Blüten sind in endständigen Blütenrispen, oft in Pyramidenform, zusammengefaßt. Doppelt 4zählige Blütenhülle; die weiße bis gelbliche Krone ist trichterförmig, mit nach außen geklappten Zipfeln, 2 Staubblätter und oberständiger Fruchtknoten. Frucht: Kugelige, schwarzviolett glänzende Steinfrucht von der Größe einer Erbse, die 1–4 Kerne umschließt; sie reift im September/Oktober und bleibt fast den ganzen Winter über am Strauch hängen. Ähnliche Arten: Als Schnitthecke wird oft der frostempfindliche, aus Japan stammende Eiblättrige Liguster (*L. ovalifolium*) gepflanzt.

Standort: Der Liguster bevorzugt sommerwarme, kalk- und basenreiche Ton-, Lehm- oder Sandböden; er hat einen hohen Nährstoffbedarf und verträgt nur vorübergehend Bodennässe. Man findet ihn an Waldrändern, Straßenböschungen, in hellen Eichen-, Kiefern- oder Niederwäldern.

Verbreitung: In ganz Europa, außer dem hohen Norden, verbreitet. Bei uns von den Tieflagen bis zu Höhen von 1100 m im Gebirge.

Man verwendet den Liguster oft als Heckenpflanze, da er sich problemlos schneiden läßt; oft wird auch eine halbimmergrüne Form gewählt. Durch sein dichtes Wurzelwerk ist er auch ein guter Bodenbefestiger und wird oft zur Haldenbegrünung eingesetzt. Er verträgt viel Schatten, ist wind- und abgasfest und wird wenig verbissen. Ligusterholz ist hart und für Drechslerarbeiten geeignet. Die Zweige können in der Korbflechterei eingesetzt werden. Früher verwendete man einen Inhaltsstoff der Rinde, um Wolle gelb zu färben. Aus den Beeren werden rote, blaue und schwarze Farbstoffe gewonnen. Der Gewöhnliche Liguster bildet den Lebensraum für den Ligusterschwärmer und seine Raupen. Im Juni/Juli ist der Liguster eine wichtige Bienenweide, ab Oktober bietet er durch seine Beeren den Vögeln reichlich Nahrung.

Schwarzer Holunder
Sambucus nigra

oben links Laub, rechts Blüten
unten links Früchte, rechts Rinde

5–7 m; Juni. **Merkmale:** Sommergrüner, kleiner Baum oder Strauch mit weit ausgebreiteter Krone und oft überhängenden Ästen. Die Zweige sind grau und enthalten innen ein lockeres weißes Mark. Ein Gehölz von großer Ausschlagsfähigkeit. Die tief gefurchte, grauweiße Borke wirkt korkähnlich; sie löst sich oft faserig oder in Streifen ab. Flache Wurzelbildung. Blatt: Meist 5fach gefiederte Blätter in gegenständiger Anordnung, mit dunkelgrüner Oberseite, unterseits leicht behaart und etwas heller. Elliptische, spitz zulaufende Fiedern mit fein gezähnten Rändern. Blüte: Die zarten, hellgelblichen Blüten sind in bis zu 20 cm breiten endständigen Schirmrispen zusammengefaßt; sie verbreiten einen angenehmen Duft. Doppelt 5zählige Blütenhülle, unterständiger Fruchtknoten. Frucht: Die kugeligen, erbsengroßen Früchte sind zuerst rot und verfärben sich dann in ein glänzendes Schwarz; die Fruchtstiele sind oft rot gefärbt. Die Früchte sind saftreich. Reifezeit ist August/September. Ähnliche Arten: Neben den beiden hier beschriebenen Arten kommt in Wäldern noch eine krautige Art, der Zwerg-Holunder oder Attich *(S. ebulus)* vor.

Standort: Frische, humusreiche Ton- und Lehmböden mit hohem Nährstoffangebot; wächst oft in der Nähe menschlicher Siedlungen, an Straßenrändern, Schuttplätzen oder in feuchten Wäldern; bildet Gebüsche.

Verbreitung: In ganz Europa weit verbreitet, stellenweise sehr häufig, vor allem in der Ebene und in mittleren Gebirgslagen; in den Alpen bis in 1500 m Höhe.

Der Holunder wächst besonders schnell. Man verwendet ihn zur Begrünung von Schutt- und Schlackenhalden. Auch als Waldmantelgehölz ist er gut geeignet. An der Küste erweist er sich als äußerst windfest. Die Früchte sind reich an Zucker, Kalium und Vitamin C; sie werden hauptsächlich zu Saft oder Marmelade verarbeitet. In der Naturheilkunde verwendet man getrocknete Blätter, Blüten sowie Rinde und Wurzeln zur Herstellung von blutreinigenden, harn- und schweißtreibenden Mitteln, die zur Heilung von Gicht, Rheuma, Wassersucht oder Verstopfung beitragen. Der Strauch ist ein guter Nistplatz für Vögel; er bietet ihnen durch seine Früchte zugleich Nahrung. Im Sommer ist er eine wichtige Bienenweide.

Trauben-Holunder
Sambucus racemosa

oben links Laub, rechts Blüten
unten Früchte

1,5–4 m; April-Mai. **Merkmale:** Ein sommergrüner, kleiner Strauch. Die jungen Triebe sind glatt, hellbraun, mit bräunlich-gelbem Mark. Die Rinde ist grau bis rotbraun. Die Wurzeln breiten sich weit aus und sind ausschlagfähig. Blatt: Gegenständige Anordnung der unpaarig gefiederten Blätter (10–25 cm); meist 5–7 lanzettliche, zugespitzte Fiedern mit fein gesägtem Rand; oberseits glatt, dunkelgrün, unterseits heller und fein behaart. Blüte: Kleine Blütenrispen (5–10 cm); doppelt 5zählige Blütenhülle, weißliche Kronblätter, kurze Staubblätter und unterständiger Fruchtknoten. Frucht: Scharlachrote, kugelförmige Steinfrüchte (4–5 mm), die 3 Kerne enthalten; sie reifen im Juli/August. Ähnliche Arten: Siehe vorige Art.
Standort: Frische, nährstoffreiche, meist kalkarme, gern steinige Lehmböden. Er liebt rauhes Klima und hat gerne etwas Schatten, gedeiht aber auch in sonnigen Lagen. Der Trauben-Holunder ist anspruchsloser als der Schwarze Holunder.
Verbreitung: Mitteleuropa und nördliches Südeuropa. Kommt hauptsächlich im Hügel- und Bergland vor, sehr selten auch in der Ebene; in den Alpen bis 1800 m Höhe.
Ein schnell wachsender Strauch, der sich zur Begrünung von Rohböden eignet. Das vitaminreiche Fruchtfleisch ist ohne die Kerne genießbar. Man verwendet die Beeren zur Herstellung von Marmelade, Mus oder Saft. Die getrockneten Früchte und ölhaltigen Samen werden manchmal als Heilmittel verwendet. Der Trauben-Holunder bietet gute Nistplätze für die Vögel und liefert ihnen mit seinen Beeren Futter.

Wolliger Schneeball
Viburnum lantana

oben Blüten
unten Früchte

1–3 m; Mai-Juni. **Merkmale:** Ein sommergrüner Strauch, der sich weit verzweigt. Die jungen, graubraunen Triebe sind dicht behaart. Große Ausschlagsfähigkeit. Blatt: Die gegenständig angeordneten, ganzrandigen Blätter fühlen sich ledrig an; sie sind länglich-oval, mit runzeliger, dunkelgrüner Oberseite, die manchmal fein behaart ist; die Unterseite ist wie mit grauem Filz überzogen. Blüte: Die wohlriechenden, kleinen weißen Blüten sind in endständigen Schirmrispen (5–10 cm) zusammengefaßt. Doppelt 5zählige Blütenhülle mit kurzglockigen weißen Kronblättern; die Staubblätter sind etwas länger als die Krone, unterständiger Fruchtknoten. Frucht: Die anfangs grünen Steinfrüchte verfärben sich im Laufe des Sommers gelblich-weiß, werden dann rot und zur Reifezeit schwarz. Das mehlig-fleischige Fruchtfleisch schließt einen Steinkern ein. Reifezeit ist August/September. Ähnliche Arten: Keine.

Standort: Er gedeiht besonders gut auf basenreichen, trockenen Sand-, Lehm- oder Kalkböden mit alkalischer Bodenreaktion; bevorzugt werden sonnige bis sehr heiße Hanglagen mit hohem Nährstoffgehalt. An sonnigen Waldrändern, in Hecken oder in lichten Eichen- und Kiefernwäldern.

Verbreitung: Vor allem in Mitteleuropa verbreitet; vom Tiefland bis in die mittleren Gebirgslagen zu finden. Im Wallis bis 1900 m hoch ansteigend.

Der Strauch wächst schnell und eignet sich als Waldmantelgehölz und für Feld- und Gartenhecken. Sein Holz ist biegsam, hart und zäh; man verwendet es für Spazierstöcke und Pfeifenrohre. Im Wolligen Schneeball nisten viele Vogelarten; er liefert ihnen durch seine Früchte auch Futter. Zur Blütezeit ist er ein wichtiger Nahrungslieferant für Bienen. Im Garten werden auch immergrüne Arten angepflanzt.

Gewöhnlicher Schneeball
Viburnum opulus

oben Blüten
unten Früchte

Bis 5 m; Mai-Juni. **Merkmale:** Ein sommergrüner, relativ hoher und weitverzweigter Strauch; wächst manchmal auch als kleiner Baum. Starker Stockausschlag. Die Rinde der Äste ist anfangs grau bis graubraun und glatt und wird später dunkler und schuppig. Die dichten Faserwurzeln breiten sich flach, aber relativ weit aus. Blatt: Gegenständige Blattanordnung mit kurzem Stiel. Die Blätter (12 × 8 cm) sind 3–5lappig, mit glatter Oberseite, unterseits mit dünnem Flaum überzogen. Unterhalb der Spreite meist 4–5 napfförmige Nektardrüsen; am Grund des Stiels 2–6 Fadendrüsen. Blüte: Die Blüten stehen in endständigen Schirmrispen (10 cm) zusammen; die Randblüten sind besonders groß und leuchtend weiß, aber unfruchtbar; die im Zentrum stehenden, zwittrigen Blüten sind gelblich-weiß. Die Blüten bilden sich meist an den jungen Kurztrieben. Doppelt 5zählige Blütenhülle, die Staubblätter sind länger als die Krone, der Fruchtknoten ist unterständig. Frucht: Aus dem Fruchtknoten entsteht eine leuchtend rote, etwas glasige Steinfrucht mit saftigem Fruchtfleisch, die im August/September reif wird; oft hängen die Beeren bis weit in den Winter. Ähnliche Arten: Keine.

Standort: Für sein Wachstum ist Basen- und Nährstoffreichtum des Bodens wichtig; er liebt humusreiche Lehm- und Tonböden mit Bodenfeuchte und meidet trockene Standorte. Kommt an Waldrändern vor, in Auwäldern sowie in Hecken und Gebüschen. Wegen seiner Vorliebe für Gewässer nennt man ihn auch Wasser-Schneeball.

Verbreitung: Fast ganz Europa. In Mitteleuropa vom Tiefland bis zu 1100 m Höhenlage im Gebirge.

Im Landschaftsbau verwendet man ihn an Bach- und Flußufern sowie zur Haldenbegrünung. Leidet kaum unter Wildverbiß. Der Schneeball bildet ein hartes, zähes Holz, das sich schwer spalten läßt. Man verwendet es für die Herstellung von Stöcken, Schuhabsätzen und Pfeifenrohren. Die Früchte werden für die Vögel erst nach dem ersten Frost genießbar.

Rote Heckenkirsche
Lonicera xylosteum

oben links Laub, rechts Blüten
unten Früchte

1–3 m; Mai-Juni. **Merkmale:** Ein sommergrüner Strauch mit weit verzweigten Ästen. Die jungen Triebe sind fein weichbehaart, später löst sich die graubraune Rinde in feinen Streifen ab. Das Wurzelsystem breitet sich flach aus. Blatt: Die eiförmigen, hellgrünen Blätter (3–6 cm) mit kurzem Stiel stehen gegenständig an den Zweigen; sie sind beidseitig fein und kurz behaart. Blüte: Immer 2 gestielte Blüten wachsen zusammen blattachselständig an den jungen Trieben. Die weißen Blüten sind zwittrig. Die doppelte, 5zählige Blütenhülle ähnelt denen der Lippenblütler und besteht aus einem kleinen Kelch und zweiseitig symmetrischen Kronblättern mit trichterförmiger Röhre; unterständiger, drüsig behaarter Fruchtknoten. Frucht: Die erbsengroßen, glasigen und sehr saftigen Beeren werden zur Fruchtreife im August/September glänzend rot; sie schließen bis zu 4 Samen ein. Ähnliche Arten: Zerstreut in krautreichen Bergmischwäldern die Schwarze Heckenkirsche (L. nigra) und die Alpen-Heckenkirsche *(L. alpigena),* selten in Fichtenwäldern und Kiefern-Hochmooren die Blaue Heckenkirsche *(L. caerulea);* in Gärten und Parks häufig die Tatarische Heckenkirsche *(L. tatarica).*

Standort: Lockere, tiefgründige Lehm- oder Tonböden mit viel Humus sorgen für gutes Gedeihen, ebenso Kalkgehalt und Nährstoffreichtum des Bodens. Man findet die Rote Heckenkirsche in Auwäldern sowie in Buchen- und Nadelmischwäldern, hellen Kiefernwäldern, oft auch an Waldrändern oder auf Lichtungen.

Verbreitung: In Europa allgemein verbreitet; in Mitteleuropa vom Tiefland bis in 1200 m Höhe (Alpen); im nordwestdeutschen Tiefland selten oder fehlend.

Als schattenverträgliches Unterholz spielt die Heckenkirsche im Landschafts- und Gartenbau eine Rolle. Das zähe, harte Holz wird für Angelruten und zum Drechseln verwendet. Blütenbestäubung durch Hummeln. Vorwiegend Drosseln und Grasmücken verzehren die Früchte und sorgen somit für die Verbreitung der Samen. Die Früchte sind nicht giftig, erregen aber Brechreiz. Die Sträucher werden von der Schwarzen Kirschenfruchtfliege befallen.

Wald-Geißblatt
Lonicera periclymenum

oben Blüten
unten links Laub, rechts Früchte

Bis 4 m; Juni/Juli. **Merkmale:** Ein sommergrünes, strauchartiges Klettergewächs (rechtswindender Schlingstrauch). Die jungen bräunlichen Triebe sind anfangs behaart, auf der Sonnenseite rötlich und innen hohl. Blatt: Schmale, länglich-ovale Blätter (5–8 cm), sitzend oder mit kurzem Stiel in gegenständiger Anordnung. Die Oberseite ist glatt und dunkelgrün, die Unterseite matter und bläulich; bewimperter Blattrand. Blüte: Die zwittrigen Blüten stehen an den Enden junger Kurztriebe in köpfchenartigen Ständen. Doppelt 5zählige Blütenhülle mit zweiseitig symmetrischer Krone (3,5 cm) mit leicht gebogener Kronröhre (15–25 mm); 4lappige Oberlippe, ungeteilte Unterlippe; die Staubblätter sind so lang wie die Lippen; der unterständige Fruchtknoten ist kahl oder drüsig behaart. Frucht: Die kugeligen, dunkelroten Beeren (7–8 mm), die mehrere Samen einschließen, reifen im August/September; sie sitzen in dichten, endständigen Paketen zusammen. Ähnliche Arten: Häufig in Gärten und gelegentlich verwildert: Jelängerjelieber *(L. caprifolium)* und Etruskisches Geißblatt *(L. etrusca).*
Standort: Das Wald-Geißblatt verträgt besonders viel Schatten, wächst vorzugsweise auf feuchten, aber warmen Böden mit hohem Nährstoffgehalt, beispielsweise auf Auenböden; trockenere Böden müssen sehr basenreich sein.
Verbreitung: In Europa vom Tiefland bis in Höhenlagen von 800 m.
Die Blüten des Wald-Geißblattes öffnen sich erst am Abend. Sie verbreiten ihren intensiven Duft erst nachts und werden entsprechend hauptsächlich von Nachtfaltern und Schwärmern bestäubt. Die Früchte enthalten Saponine und sind daher für den Menschen nicht genießbar; für Vögel sind sie hingegen eine wichtige Nahrung. Vom Geißblatt umwundene Gehölze können in ihrem Stammwuchs Schaden nehmen, indem sich die bis fingerdicken Lianen in das Rindengewebe einschnüren und schließlich überwachsen werden – sofern der Baum nicht gar durch Abschnüren des Saftstroms eingeht. Oft entsteht auch schraubenförmiger Wuchs. Solche Triebe werden zur Herstellung von Spazierstöcken verwendet.

Register

A
Abies alba 32
Acer campestre 128
– *platanoides* 126
– *pseudoplatanus* 124
Aesculus hippocastanum 130
Ahorn 124, 126, 128
Ahornblättrige Platane 90
Alnus glutinosa 70
– *incana* 72
– *viridis* 68
Amelanchier ovalis 104
Andromeda polifolia 154
Apfel 94
Arve 42

B
Berberis vulgaris 88
Berberitze 88
Berg-Ahorn 124
– -Kiefer 40
– -Ulme 84
Besenginster 118
Besenheide 162
Betula pendula 66
– *pubescens* 66
Birke 66
Birne 92
Brombeere 108
Buche 74
Buchsbaum 136
Buxus sempervirens 136

C
Carpinus betulus 62
Castanea sativa 76
Clematis vitalba 86
Cornus mas 152
– *sanguinea* 150
Corylus avellana 64
Crataegus monogyna 102

D
Deutscher Ginster 120
Douglasfichte 30
Douglasie 30

E
Eberesche 96
Echter Kreuzdorn 138
Edelkastanie 76
Efeu 148
Eibe 28
Eiche 78, 80
Elsbeere 98
Empetrum nigrum 154
Erica herbacea 162
– *tetralix* 162
Erle 68, 70, 72
Esche 164
Espe 46
Eßkastanie 76
Europäische Lärche 36
Evonymus europaeus 134

F
Fagus silvatica 74
Falsche Akazie 122
Faulbaum 140
Feld-Ahorn 128
– -Ulme 82
Felsenbirne 104
Fichte 34
Frangula alnus 140
Fraxinus excelsior 164

G
Geißblatt 178
Genista germanica 120
Gewöhnliche Waldrebe 86
Gewöhnlicher Schneeball 174
Ginster 118, 120
Glocken-Heide 162
Grau-Erle 72
– -Weide 56
Grün-Erle 68

H
Hainbuche 62
Hänge-Birke 66
Hartriegel 150
Haselnuß 64
Heckenkirsche 176

Heckenrose 110
Hedera helix 148
Heidekraut 162
Heidelbeere 156
Hemlocktanne 30
Himbeere 106
Hippophae rhamnoides 146
Holunder 168, 170
Holz-Apfel 94
- -Birne 92
Hunds-Rose 110

I
Ilex aquifolium 132

J
Juglans regia 60
Juniperus communis 44

K
Kiefer 38, 40, 42
Kirsche 114
Korb-Weide 54
Kornelkirsche 152
Krähenbeere 154
Kreuzdorn 138
Kriech-Weide 58
Krummholz-Kiefer 40

L
Lärche 36
Larix decidua 36
Latsche 40
Legföhre 40
Liguster 166
Ligustrum vulgare 166
Linde 142
Lonicera periclymenum 178
- *xylosteum* 176

M
Malus sylvestris 94
Mehlbeere 100
Moor-Birke 66
Moorbeere 158
Moorheide 162

O
Öhrchen-Weide 56

P
Pappel 46, 48
Pfaffenhütchen 134
Picea abies 34
Pinus cembra 42
- *mugo* 40
- *sylvestris* 38
Platane 90
Platanus acerifolia 90
Populus alba 48
- *nigra* 48
- *tremula* 46
Preiselbeere 160
Prunus avium 114
- *padus* 112
- *spinosa* 116
Pseudotsuga menziesii 30
Purgier-Kreuzdorn 138
Purpur-Weide 56
Pyramiden-Pappel 48
Pyrus pyraster 92

Q
Quercus petraea 80
- *robur* 78

R
Rainweide 166
Rauschbeere 158
Rhamnus catharticus 138
Robinia pseudacacia 122
Robinie 122
Rosa canina 110
Rosmarinheide 154
Roßkastanie 130
Rotbuche 74
Rote Heckenkirsche 176
Rottanne 34
Rubus fruticosus 108
- *idaeus* 106

S
Sal-Weide 52
Salix alba 50
- *aurita* 56
- *caprea* 52
- *incana* 56
- *purpurea* 56
- *repens* 58
- *retusa* 58

– *viminalis* 54
Sambucus nigra 168
– *racemosa* 170
Sanddorn 146
Sarothamnus scoparius 118
Sauerdorn 88
Schlehe 116
Schnee-Heide 162
Schneeball 172, 174
Schwarz-Erle 70
– -Pappel 48
Schwarzdorn 116
Schwarzer Holunder 168
Schwedische Mehlbeere 100
Seidelbast 144
Silber-Pappel 48
– -Weide 50
Sommer-Linde 142
Sorbus aria 100
– *aucuparia* 96
– *domestica* 98
– *intermedia* 100
– *torminalis* 98
Speierling 98
Spindelstrauch 134
Spirke 40
Spitz-Ahorn 126
Stechginster 120
Stechpalme 132
Stiel-Eiche 78
Stumpfblättrige Weide 58

T
Tanne 32
Taxus baccata 28
Teppich-Weide 58
Tilia cordata 142
– *platyphyllos* 142

Trauben-Eiche 80
– -Holunder 170
– -Kirsche 112
Tsuga canadensis 30

U
Ulex europaeus 120
Ulme 82, 84
Ulmus glabra 84
– *minor* 82

V
Vaccinium myrtillus 156
– *uliginosum* 158
– *vitis-idaea* 160
Viburnum lantana 172
– *opulus* 174
Vogel-Kirsche 114
Vogelbeerbaum 96

W
Wacholder 44
Wald-Geißblatt 178
– -Kiefer 38
Waldrebe 86
Walnuß 60
Weide 50, 52, 54, 56, 58
Weiß-Tanne 32
Weißbuche 62
Weißdorn 102
Wild-Birne 92
Winter-Linde 142
Wolliger Schneeball 172

Z
Zirbe 42
Zirbel-Kiefer 42
Zitter-Pappel 46

Bildnachweis:

Eisenbeiss: 33 or, 45 u, 53 ul, 55 ul,
 57 or, 57 ur, 61 ul, 63 or, 67 ol, 69 ul,
 73 ul, 73 ur, 85 ur, 89 ur, 91 ur, 95 or,
 103 u, 115 or, 117 o, 117 ur, 121 or,
 121 u, 125 or, 127 or, 127 ur, 131 or,
 133 ur, 145 ur, 159 o, 165 ol, 169 ul,
 171 or, 175 o, 175 u
Eisenreich: 87 o, 91 ol, 101 o, 113 ul,
 139 o, 139 ul, 145 ul, 151 o, 157 ul,
 161 ol, 163 (alle), 169 ol, 173 u,
 177 ol, 177 or
Handel: 39 o, 45 ol, 55 o, 71 o, 81 o,
 83 o, 89 o, 95 ol, 95 ur, 101 ul, 103 o,
 107 ol, 111 ul, 141 o
Kögel: 105 o
König: 51 ur, 59 or, 149 ol, 155 u,
 179 o
Lohmann: 21, 22, 23, 24, 25, 109 ol,
 115 ol, 143 ol, 171 ol
Pforr: 31 o, 31 M, 31 ur, 33 or, 37 or,
 41 ul, 43 ol, 43 ul, 43 ur, 47 or, 49 ul,
 49 Mr, 51 ol, 51 or, 51 ul, 53 o, 53 ur,
 55 ur, 57 ol, 59 ol, 61 or, 67 Mr, 69 ur,
 73 o, 75 or, 77 o, 79 ul, 89 ul, 93 o,
 101 M, 101 ur, 113 ur, 115 ur,
 119 ur, 123 ol, 129 or, 147 or, 147 u,
 153 ul, 155 ol, 155 or, 159 u, 161 u,
 165 or, 165 ur, 167 ul
Pott: 5, 29 o, 33 ol, 35 ol, 37 ol, 39 Mr,
 39 ur, 61 ol, 63 ol, 63 ul, 65 o, 71 ul,
 75 ol, 75 ur, 81 ur, 87 ul, 87 ur, 97 u,
 105 ul, 119 or, 119 ul, 125 ol, 125 ul,
 127 ol, 129 ol, 131 ur, 135 o, 149 or,
 149 u, 157 o, 161 or, 165 ul, 173 o,
 177 u
Reinhard: 2/3, 29 ul, 31 ul, 39 ul, 63 ur,
 71 ur, 77 ul, 77 ur, 79 ur, 83 ur, 85 ul,
 91 or, 99 ol, 99 or, 105 ur, 107 u,
 109 or, 109 u, 111 o, 111 ur, 113 o,
 115 ul, 119 ol, 123 ul, 123 or, 133 o,
 137 o, 137 u, 141 ul, 141 ur, 143 ur,
 145 o, 151 u, 153 o, 153 ur, 157 ur,
 169 or
Schrempp: 33 ul, 37 ul, 37 ur, 43 or,
 45 or, 47 ul, 49 ur, 57 u, 59 u, 61 ur,
 81 ul, 91 ul, 95 ur, 123 or, 143 ul
Seidl: 65 ur, 127 ul,
Synatzschke: 29 ur, 33 ur, 41 o, 41 ur,
 69 o, 85 o, 93 ur, 107 or, 117 ul,
 121 ol, 131 ul, 147 ol, 169 ur, 179 ul
Willner: 35 ul, 35 ur, 47 ol, 47 u r,
 49 o, 67 or, 75 ur, 79 o, 93 ul, 97 o,
 103 M, 129 ul, 131 ol, 133 ul, 135 u,
 139 ur, 143 or, 167 o, 167 ur, 171 u
Wolfstetter: 99 u
Wothe: 65 ur, 67 ul, 67 ur, 125 ur,
 129 ur, 179 ur
Zeininger: 83 ul

Grafiken:
Barbara v. Damnitz 9, 17, 19
Eberhard Göppert 8, 10, 11, 15 o
Folke Lindenblatt 14, 15 u

Die Natur neu entdecken

Thomas Schauer/Claus Caspari
Der große BLV Pflanzenführer
Über 1500 Blütenpflanzen Deutschlands und der Nachbarländer, davon 1140 farbig abgebildet. Mit Bestimmungsschlüssel nach Blütenfarben Deutsche und botanische Namen, Merkmale, Blütezeit, Standort, Verbreitung, Gefährdungsgrad, geschützte Arten

Graeme Matthews
Bäume
Eine Weltreise in faszinierenden Fotos
Das Geschenkbuch für alle Naturfreunde und Liebhaber exzellenter Fotografie: Bildband über die Bäume der Welt mit großformatigen, brillanten Farbfotos.

Ulrich Hecke
Bäume und Sträucher
Sonderteil: Früchte, Knospen, Rinden
Alle wichtigen Arten, geordnet nach Blatt- und Blütenmerkmalen; Kennzeichen, Standort, Verbreitung, Biologie, Gefährdung – mit Schnellbestimm-System.

Kurt Harz
Bäume und Sträucher
Sicheres Bestimmen aller wichtigen Arten – auch zu verschiedenen Jahreszeiten – anhand der Blätter, Blüten und Früchte.

Michael Lohmann
Blumen mit Faltplan
Heimische Blütenpflanzen: Merkmale, Standort, Verbreitung, Blütezeit, Verwechslungsmöglichkeiten. Mit Faltplan: die Arten auf einen Blick, geordnet nach Ähnlichkeit, mit typischen und auffälligen Früchten.

Ewald Gerhardt
Heimische Pilze mit Faltplan
180 wichtige, in Mitteleuropa verbreitete Pilze: Merkmale, Standort, Verbreitung, Verwechslungsmöglichkeiten, Verwendung, Speisewert, Giftwirkung. Mit Faltplan: alle Arten auf einen Blick, geordnet nach Ähnlichkeit.

Im BLV Verlag Garten- und Zimmerpflanzen • Natur • Heimtiere • Jagd • Angeln • Pferde und
finden Sie Bücher Reiten • Sport und Fitneß • Tauchen • Reise • Wandern, Bergsteigen, Alpinismus •
zu folgenden Themen: Essen und Trinken • Gesundheit, Wohlbefinden, Medizin

 Wenn Sie ausführliche Informationen wünschen, schreiben Sie bitte an:
**BLV Verlagsgesellschaft mbH • Postfach 400320 • 80703 München
Telefon 089/12705-0 • Telefax 089/12705-543**